China in Hamburg

Lars Amenda

China
in Hamburg

Herausgegeben von der
ZEIT-Stiftung Ebelin und Gerd Bucerius
im Ellert & Richter Verlag

Inhalt

- 6 Geleitwort
  Prof. Dres. h.c. Manfred Lahnstein
- 10 Einleitung
- 16 Hamburger Kaufleute in China im 19. Jahrhundert
- 36 Chinesische Seeleute und der Hamburger Hafen
- 50 Das „Chinesenviertel" in St. Pauli in den 1920er Jahren
- 68 Die NS-Zeit und die „Chinesenaktion"
- 82 Der Boom der China-Restaurants in der Nachkriegszeit
- 100 Die chinesische Community
- 114 Die Hamburger Universität und chinesische Studierende
- 126 Die politischen Beziehungen und chinesische Diplomaten
- 140 Chinesische Wirtschaftsunternehmen in Hamburg
- 154 Hamburg als China-Zentrum
- 166 Fazit und Ausblick
- 172 China in Hamburg – eine Chronik
- 184 Anmerkungen
- 194 Literatur
- 198 Adressen
- 200 Index
- 207 Bildnachweis
- 208 Impressum

Geleitwort

Geleitwort

Die fernen Nachbarn

Wenn ich an „China in Hamburg" denke, dann drängt zunächst einmal eher Folkloristisches nach vorne. Vor mehr als einem halben Jahrhundert ist ein „Chinese" auf St. Pauli das erste ausländische Restaurant gewesen, in das ich mich gewagt habe. Heute kann ich sogar ordentlich mit Stäbchen essen. Mir fällt weiterhin das Porzellan aus der Ming-Epoche im Museum für Kunst und Gewerbe ein, bei dessen Anblick wir von würdigen, zopftragenden Mandarinen und ihren Konkubinen träumen mögen. Und direkt gegenüber der ZEIT-Stiftung haben sie vor einigen Jahren ein „original"-chinesisches Teehaus aus Shanghai nachgebaut. Es harrt dort noch seiner wirklichen Erweckung, wartet vielleicht noch auf die „Brücke von Jade", die Gustav Mahler in seinem „Lied von der Erde" so hinreißend besungen hat.

Essstäbchen, schimmernde Teetassen, Jade – das alles ist preziös („köstlich" würden gewisse Hamburgerinnen vielleicht sagen), exotisch, in jedem Fall ganz weit weg. „China in Hamburg" bedeutet aber auch ganz anderes. Wir müssen Lars Amenda sehr dafür danken, dass er das in diesem Buch so sachlich und kenntnisreich vor uns ausgebreitet hat.

Was für ein Weg von dem ersten Hamburger Handelsschiff, das Berenberg, Gossler & Co. und Parish & Co. 1797 nach Kanton (Guangzhou) geschickt haben, zu den vielen (auch chinesischen) Containerriesen in den Terminals von Altenwerder! Ihre Fracht macht uns deutlich, dass halb Hamburg ohne den Handel mit China am Stock gehen würde. Was für ein Weg von den „Völkerschauen" bei Hagenbeck mit ihren malerischen Gestalten aus Fernost zu den Geschäftsleuten – rund vierhundert chinesische Firmen haben sich in unserer Stadt niedergelassen – und Touristen von heute. Längst schon drehen wir uns nicht mehr nach ihnen um. Und wenn es endlich eine direkte Flugverbindung zwischen der Hansestadt und dem Reich der Mitte gäbe, würden es noch viel mehr sein.

Was für ein Weg von den „Kulis" und den Hilfsheizern, die geschäftstüchtige Reeder auch deshalb anheuerten, um deutsche Löhne zu drücken und die Gewerkschaften zu schwächen, zu den Ein- und Verkäufern auf den Hamburger Messen, die ihren deutschen Partnern schon längst und ganz selbstverständlich auf Augenhöhe begegnen. Was für ein Weg von den knapp fünfhundert Chinesen, die vor rund fünfzig Jahren in unserer Stadt gelebt haben, zu den weit mehr als zehntausend ihrer Landsleute, die das heute tun.

Es ist aber auch ein langer Weg gewesen, mit manchen Auf und Abs. Chinesenhass, Drangsalierung und Demütigung, den hat es unter Adolf Hitler und seinem Hamburger Gauleiter Karl Kaufmann gegeben. Es ist gut, dass diese Epoche in dem vorliegenden Buch nicht verschwiegen wird. Es ist wichtig, uns daran zu erinnern, dass der große Max Brauer und auch Hamburger Juden damals in China, ganz besonders in Shanghai, unserer heutigen Partnerstadt, Zuflucht gefunden haben.

Diese Zeit des Schreckens ist lange vorbei, wenn auch nicht vergessen. Heute stehen die „Chinesen in Hamburg" für ein dichtes Netz fruchtbarer Beziehungen in allen wichtigen Bereichen unseres Lebens, in Handel und Wandel, in Kunst und Wissenschaft. Heute leben wir in einem Jahrhundert, das man mit gutem Grund als das „asiatische" bezeichnen kann und in dem China eine zentrale Rolle spielen wird.

Hamburg hat sich dieser Entwicklung früh geöffnet. Der Ostasiatische Verein besteht immerhin seit mehr als hundert Jahren. Die Städtepartnerschaft mit der Metropole Shanghai hat im Mai 2011 ihr Silberjubiläum feiern können. Alles in allem sind wir gut vorbereitet auf eine Zukunft, in der die Welt noch enger zusammenrücken und China uns noch näherkommen wird.

Da kommt das hier vorgestellte Buch gerade zur rechten Zeit. Mögen wir also begreifen und respektieren, dass aus den exotischen Fremden längst Nachbarn geworden sind, wenn auch ferne. Und wenn wir wieder einmal darüber lächeln, wie eine Gruppe chinesischer Touristen eifrig, ja unaufhörlich das Hamburger Rathaus fotografiert, nun: Auf dem Großen Platz in Peking verhalten wir uns schließlich genauso!

Prof. Dres. h.c. Manfred Lahnstein
Vorsitzender des Kuratoriums
der ZEIT-Stiftung Ebelin und Gerd Bucerius

Einleitung

Einleitung

China in Hamburg? Nicht wenigen fallen dabei vermutlich die vielen China-Restaurants in der Stadt ein; die großen Containerschiffe im Hafen mit ihren bunten Metallboxen und Aufschriften wie „China Shipping"; chinesische Studentinnen und Studenten an der Hamburger Universität; neuerdings auch zunehmend chinesische Touristen; oder chinesische Medizin und Kampfkunst und vieles mehr. „China in Hamburg" hat viele Gesichter und viele Geschichten. Dieses Buch möchte die vielfältigen Beziehungen der Stadt zum „Reich der Mitte" in Geschichte und Gegenwart aufzeigen.

Hamburg sei besonders eng mit China verbunden, ist zu bestimmten Anlässen immer wieder zu vernehmen. Und in der Tat ist das mehr als eine Floskel, denn Hamburg verbindet aufgrund seines bedeutenden Hafens viele weit entfernte Regionen der Welt mit Deutschland und Europa, darunter auch und gerade China. Die gegenseitigen Beziehungen zwischen Hamburg und China können auf eine lange Geschichte zurückblicken, die viele positive Aspekte, aber auch einige Schattenseiten enthält. China wird auch in Zukunft eine gewichtige Rolle in Wirtschaft und Politik spielen, so viel ist sicher. Deshalb reizt es, die Hamburger Perspektive auf China in den Blick zu nehmen und nach den Spuren zu suchen, die Chinesinnen und Chinesen in der Hansestadt hinterlassen haben. China ist den Deutschen heute viel näher, als dies vor Jahrzehnten der Fall war. Helmut Schmidt, der sich seit Langem intensiv mit dem Land beschäftigt, spricht sogar vom „Nachbar China" und meint damit, dass wir uns angesichts der veränderten Verhältnisse in Wirtschaft und Politik mit China auseinandersetzen müssen, ob wir wollen oder nicht.[1] Flugverbindungen ermöglichen heute weit mehr Menschen, das entfernte Land aus eigener Anschauung kennenzulernen, als dies früher möglich war. Dennoch bleibt China „geheimnisvoll" und „fremd", zumindest für einen großen Teil der Deutschen.

China eröffnet heute so etwas wie einen flüchtigen Blick in die Zukunft der Menschheit; der Aufstieg Chinas, vor allem in wirtschaftlichen Belangen, sorgte für eine allgemeine Hinwendung der Welt nach Asien. China verkörpert die dynamischen Veränderungen in der Welt in der jüngeren Vergangenheit und steht stellvertretend für die viel beschworene Globalisierung unserer Zeit. Doch was ist damit eigentlich gemeint, mit dieser „Globalisierung"? Sind dies die vielen Schnellrestaurants nach amerikanischem Vorbild, die Popmusik, die überall in der Welt im immergleichen Klang dudelt, oder die Netze der Telekommunikation mit Mobiltelefonen und Internet? Ist dies alles so neu? Oder haben nicht auch bereits unsere Vorfahren, und dies gerade in Hamburg, die Erfahrung einer zunehmend engmaschigeren Welt gemacht? Globale Verflechtungen waren und sind ein Prozess, in dem Menschen aus unterschiedlichsten Orten und Regionen miteinander in Kontakt traten und in dem Waren, Güter und Informationen getauscht wurden. Weltweite Verbindungen verblieben jedoch nicht im Abstrakten, sie konnten in Städten wie Hamburg gewissermaßen „um die Ecke" und in Form von fremden Menschen erblickt und erfahren werden. Globalisierung breitet sich nie nur in eine Richtung aus, wie man es im Zeitalter des Imperialismus und während der kolonialen Epoche um 1900 vielleicht hatte vermuten können. Die Kontakte wirkten immer auch zurück, manifestierten sich in Europa und waren an der Hamburger „Waterkant" anzutreffen. Zwar kursiert der Begriff „Globalisierung" erst seit den 1970er Jahren, doch die Geschichte dieses Prozesses ist viel älter. Vor hundert Jahren sprach man bereits von Weltwirtschaft, Weltverkehr und Welthafenstädten und meinte damit die weltumspannenden Verbindungen jener Epoche, die sich Ende des 19. Jahrhunderts deutlich intensivierten. Globale Kontakte – was damit gemeint ist, bezeichnet eine längere Geschichte und ist keineswegs ein vollständig neues Phänomen.

Der vorliegende Band erscheint im Rahmen der Reihe „Fremde in Hamburg" der ZEIT-Stiftung Ebelin und Gerd Bucerius. Die Buchreihe will den historischen Beitrag von Migrantinnen und Migranten am wirtschaftlichen Aufbau und kulturellen Leben der Hansestadt kenntlich machen und zeigen, wie „normal" Zuwanderung und interkultureller Austausch waren und sind. Migration war und ist weder ausnahmslos positiv noch negativ. Sie ist vielmehr ein wesentlicher Teil des menschlichen Lebens, wie es auch die vielen deutschen Auswanderer vor Augen führen, die im 19. Jahrhundert in eine „Neue Welt" aufbrachen und über die

Container im Hamburger Hafen: Rund 30 Prozent des Warenumschlags an der Elbe gehen auf das Konto des Chinahandels. Hamburg ist eine wichtige Drehscheibe des Welthandels und der zweitgrößte Hafen Europas.

Jahrzehnte und über mehrere Generationen zu „echten" Amerikanern wurden. Die meisten Migranten entstammten nicht den ärmsten Kreisen der Bevölkerung, wie es manchmal immer noch kolportiert wird. Der Weg in ein unbekanntes Land, womöglich sogar auf einen anderen Kontinent, verlangte einiges an Geld, Kontakten oder funktionierenden Netzwerken, die auch in der chinesischen Kultur und dem Geflecht aus familiären und persönlichen Beziehungen (*guanxi*) besonders bedeutsam sind. Die oft angeführten *Push- and-Pull*-Faktoren, die Migranten aufgrund von Armut oder Naturkatastrophen aus ihrer Heimat vertrieben und zu den Arbeitsmärkten in den Zielländern gebracht haben sollen, können jedenfalls nur bedingt Migration erklären. Migrationsentscheidungen beruhen auf einem ganzen Bündel von Faktoren und betreffen nicht zuletzt Menschen mit unterschiedlichen Motiven und Lebensgeschichten. Migranten sind immer auch Akteure, die ihre Geschicke selber gestaltet haben und nicht wie eine Marionette von fremden Kräften gesteuert wurden. Auch dies wird, so hoffe ich, im Folgenden ersichtlich werden.

Hamburg – „Hanbao", wie die chinesische lautmalerische Nachbildung des deutschen Wortes heißt – ist heute deutschlandweit als „Tor zur Welt" bekannt.[2] Der populäre Slogan verweist auf die historische Bedeutung des Hafens, auf Schifffahrt und Handel und atmet förmlich Geschichte. Er ist in den letzten Jahrzehnten wiederentdeckt worden und erscheint auch in Zeiten der Globalisierung als werbewirksame Etikette.

Noch ein Hinweis zu den chinesischen Namen. Die chinesische Schrift besteht aus mehreren tausend Zeichen und hat entscheidend dazu beigetragen, das Land über Jahrhunderte zu vereinen und eine chinesische Identität entstehen zu lassen. Dies trifft umso mehr zu, da aufgrund der Größe des Landes viele verschiedene Dialekte existieren, die sich teilweise sehr voneinander unterscheiden. Für die Übersetzung chinesischer Namen existieren verschiedene Systeme, die mehr oder weniger nah am gesprochenen Wort liegen. Heute wird zumeist das *Pinyin* verwendet, das aus Peking neuerdings „Beijing" werden lässt, aus Mao Tse-tung „Mao Zedong". Ein älteres System nannte sich Wade-Giles und war vor allem an der englischen Aussprache ausgerichtet. In diesem Buch werden Übersetzungen aus beiden Systemen auftauchen. Bei bekannten und eingebürgerten Namen wie beispielsweise „Kanton" wird die alte Form beibehalten. Bei einigen Namen aus der Geschichte lassen sich aufgrund unzulässiger Übersetzungen die richtigen Namen oftmals gar nicht mehr rekonstruieren.

Deutsche und hamburgische Behörden hatten lange Zeit große Probleme, chinesische Namen zu übersetzen und diese dann einheitlich zu verwenden. Hier zeigt sich, dass Chinesen in der Vergangenheit in den Augen vieler „Fremde in Hamburg" verkörperten. Ja, dass sie sogar deutlich fremder wirkten als andere Fremde, die vielleicht aus Europa und damit aus kulturell ähnlichen Regionen kamen. „China in Hamburg" ist nicht zu verstehen, ohne die Bilder von China in den Blick zu nehmen, die in Europa und im „Westen" in der Literatur, in den Medien und in der Massenkultur verbreitet wurden.

Die Entstehung dieses Buches haben mehrere Personen unterstützt und begleitet. Bei ihnen möchte ich mich ausdrücklich für die Hilfe bedanken. Die ZEIT-Stiftung Ebelin und Gerd Bucerius regte an, diese Veröffentlichung für einen breiteren Leserkreis und mit einer reichen Bebilderung zu verfassen, deren Mitarbeiterin Marcella Christiani betreute die Entstehung des Bandes engagiert. Bedanken möchte ich mich auch bei Gerhard Richter für die gute

Zusammenarbeit und die Herausgabe dieses Bandes im Ellert & Richter Verlag, Werner Irro lektorierte den Text sorgfältig.
Schließlich bedanke ich mich bei denjenigen, mit denen ich im Zuge der Recherchen für das vorliegende Buch gesprochen habe. Zu Dank verpflichtet bin ich meinen Kolleginnen und Kollegen vom Institut für Migrationsforschung und Interkulturelle Studien (IMIS) an der Universität Osnabrück und den vielen Mitarbeiterinnen und Mitarbeitern von Bibliotheken und Archiven, die mir behilflich waren. Ein herzliches Dankeschön auch und gerade an Christina Grebe, die den Text genau las, Verbesserungsvorschläge machte, bei der Auswahl von Illustrationen half und eine Reihe von Fotografien beisteuerte.

Hamburger Kaufleute in China im 19. Jahrhundert

China beschäftigt schon seit langer Zeit die Menschen in Europa – und auch ihre Phantasie. Eine Vorstellung von Europa und einer europäischen Identität wären nicht denkbar gewesen, hätten die Europäer nicht nach Asien, Amerika und Afrika geblickt und dort das „Andere" erkannt. Ostasien und China nahmen dabei eine besondere Stellung ein. China brachte eine jahrtausendealte Hochkultur hervor, die vor dem Hintergrund vieler unterschiedlicher Sprachen und Dialekte auf einer gemeinsamen Schrift beruhte, die alle Chinesen interpretieren konnten. Die chinesische Schrift basiert nicht auf einem Alphabet, sondern kennt Tausende Schriftzeichen – ein Umstand, der in den Augen der Europäer die „Fremdheit" überdeutlich zum Ausdruck brachte. China stand andererseits für zivilisatorischen Fortschritt und für Erfindungen wie etwa das Porzellan, das Schießpulver, den Kompass, wovon die gesamte Menschheit profitieren sollte.

Seit der Publikation des Reiseberichts von Marco Polo, eines Kaufmanns aus Venedig, der Ende des 13. Jahrhunderts eine lange Reise nach Asien unternahm und dessen bis heute nicht vollständig beglaubigte Erlebnisse in den folgenden Jahrhunderten als Handschriften verbreitet wurden, galt China als phantastisches Reich mit einem sagenhaften Reichtum. Nicht wenige Europäer faszinierte die chinesische Kultur, die konfuzianische Ethik und die asiatische Philosophie. Während der Aufklärung galt China unter einflussreichen europäischen Denkern geradezu als vorbildlich bezüglich der Moral und der Sitten. Der Philosoph Gottfried Wilhelm Leibniz (1646–1716) empfahl in seiner Schrift „Novissima Sinica" (1697) sogar, chinesische „Missionare" nach Europa zu entsenden, um hier die breite Bevölkerung in moralischen Dingen zu unterrichten und ihr Verhalten zu verbessern.[3] Auch der französische Philosoph Voltaire (1694–1778) sah die chinesische Zivilisation der europäischen zumindest als ebenbürtig, wenn nicht sogar überlegen an.

Doch nicht nur Gedanken, sondern auch ganz konkrete Gegenstände aus China machten in der Frühen Neuzeit in Europa erheblichen Eindruck. Während der Barockzeit im 17. und 18. Jahrhundert galt chinesisches Porzellan in europäischen Adelskreisen als äußerst modisch, es sollte die Weltläufigkeit des jeweiligen

Hamburger Kaufleute in China im 19. Jahrhundert

Architektonisches Zeichen der Weltgewandtheit: der Park des Altonaer Reeders und Kaufmanns Georg Friedrich Baur in Blankenese mit chinesischem Pagodenturm, der auf dem Elbhang thronte und weithin sichtbar war (um 1860).

Hofes beweisen. Das dünne und mit bunten Bildszenen versehene Porzellan verkörperte feine Sitten und verzauberte aufgrund seiner exotischen Herkunft. Friedrich August I. von Sachsen (1670–1733), genannt August der Starke, gründete 1710 eine Porzellanmanufaktur in Meißen, die sich in der Folgezeit einen hervorragenden Ruf erwarb. Auch für die Architektur können chinesische Einflüsse nachgewiesen werden. In einigen der kunstvoll und nach englischem Vorbild angelegten Gärten von herrschaftlichen Anwesen entstanden chinesische Pavillons; man denke etwa an das zwischen 1755 und 1764 erbaute Chinesische Teehaus im Park von Schloss Sanssouci in Potsdam, das von Friedrich dem Großen (1712–1786) in Auftrag gegeben wurde. Für die chinesisch anmutenden Dinge bürgerte sich alsbald der aus dem Französischen kommende Begriff „Chinoiserie" ein, der die damalige Mode bereits ein wenig verballhornte.[4]

Chinesische Gegenstände bewirkten kein fundiertes Wissen über China, sie zeugen allerdings von einem sehr positiven Chinabild. Die Bilder von China mussten seinerzeit zumeist Phantasiegebilde bleiben, da nur wenige Europäer das Land persönlich aufsuchten und noch viel weniger die Sprache erlernen und profunde Kenntnisse des Landes und seiner Kultur erlangen konnten. So waren es vor allem Missionare wie die Jesuiten, die ganz gezielt in diesem bevölkerungsreichen Land Menschen von der Lehre Christi überzeugen wollten und deshalb über einen längeren Zeitraum dort lebten und wirkten.

Auch in Hamburg entstanden im 19. Jahrhundert „chinesische" Bauten, etwa der um 1860 errichtete chinesische Turm im Baurs Park in Blankenese. Der Altonaer Reeder und Kaufmann Georg Friedrich Baur (1768–1865) hatte 1817 den französischen Landschaftsgärtner Joseph Ramée mit einer Neugestaltung des Parks beauftragt. Am Elbhang gelegen, wurde der Park nun noch mit einem Tempel und einem Pagodenturm geschmückt, der von den Schiffen aus bereits von Weitem gut sichtbar war. Der chinesische Turm sollte dem Park eine besondere Note verleihen, er symbolisierte – wie Chinoiserien überhaupt – die Weltgewandtheit des Reeders.

Es war kein Zufall, dass chinesische Pagodentürme ein beliebtes Stilelement in Parkanlagen waren; ein anderes berühmtes Beispiel dafür ist der 1789/90 erbaute chinesische Holzturm im Englischen Garten in München. Sie passten gut zur Zerstreuung oder gar Kontemplation während eines Spaziergangs in den Grünanlagen, und sie spielten mit den europäischen Vorstellungen von der chinesischen Kultur und Philosophie. Die Bauten sollten die Passanten anregen, innezuhalten und die eigene Umwelt in einer neuen, „verfremdeten" Perspektive zu erblicken.

Allerdings existierte in der Vergangenheit keineswegs nur eine positive Sicht auf China. Johann Gottfried Herder bezeichnete 1787 das Land als „balsamirte Mumie" und schuf damit ein geflügeltes Wort für die vermeintliche Stagnation der chinesischen Zivilisation. Zwar sei China eine alte Hochkultur, diese entwickle sich jedoch nicht weiter und sei geradezu erstarrt in ihren alten Konventionen. Zeitgleich mit dem hohen Ansehen Chinas verfestigte sich im 19. Jahrhundert solch eine abfällige Einschätzung. Die Industrialisierung veränderte Europa grundlegend, ausgedehnte europäische Kolonialreiche wurden errichtet. Mit der politischen und wirtschaftlichen Vormachtstellung des „Abendlands" ging eine „Entzauberung Asiens" (Jürgen Osterhammel) einher, die nachhaltig, im schlechten Sinne, auf das Chinabild einwirken sollte. Galt beispielsweise die Hautfarbe der Chinesen während der

Hamburger Kaufleute in China im 19. Jahrhundert

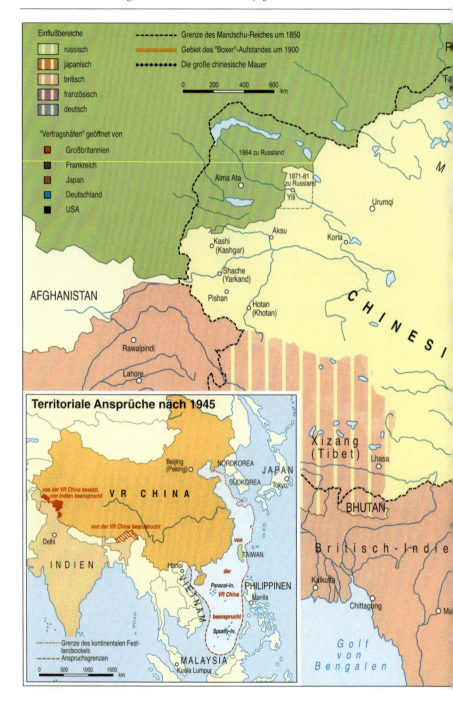

Hamburger Kaufleute in China im 19. Jahrhundert

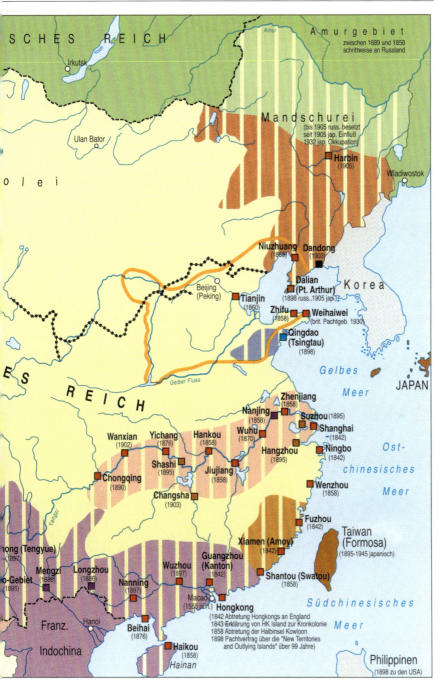

Die Karte zeigt historische Ereignisse und die Einflussbereiche des europäischen Kolonialismus im 19. und 20. Jahrhundert in China. Seit Mitte des 19. Jahrhunderts öffneten die europäischen Mächte gewaltsam das „Reich der Mitte". 1911 brach die chinesische Monarchie zusammen, und eine jahrzehntelange Phase des Bürgerkriegs zwischen Nationalisten und Kommunisten begann.

Aufklärung noch als „weiß" und damit derjenigen der Europäer durchaus ähnlich, so wurden Chinesen bald als „gelb" bezeichnet und erhielten damit eine Farbe zugesprochen, die über eine deutlich negative Symbolik verfügte.[5] Zudem verbreiteten europäische Denker tendenziöse Vorstellungen von unterschiedlichen menschlichen „Rassen" und versuchten, eine Überlegenheit der Europäer wissenschaftlich zu beweisen. Asiaten und Afrikaner erschienen vor dem Hintergrund der europäischen Expansion und der entstehenden Kolonialreiche zunehmend als „minderwertig", was sich in den Augen der Zeitgenossen auch und gerade in der Unterlegenheit gegenüber europäischem Militär manifestierte.

Der Handel mit China war in der Frühen Neuzeit sehr begrenzt. Bereits im 18. Jahrhundert wollten die ersten Pioniere ihre Handelsbeziehungen mit China intensivieren, um an dem überlieferten Reichtum des Landes teilzuhaben und davon zu profitieren. Friedrich der Große versuchte 1750 mit der „Preußisch-Asiatischen Handlungs-Compagnie von Emden auf China" der englischen *East India Company* Konkurrenz zu machen, 1752 schickte er das Segelschiff „König von Preußen" nach China. Großbritannien war aufgrund seiner dominierenden Seegeltung zur weltweit bestimmenden Macht jener Epoche aufgestiegen und sollte auch die Geschichte Chinas erheblich beeinflussen. Mit militärischer Übermacht öffneten die Briten durch den sogenannten Opiumkrieg (1839–1842) China gewaltsam für den Handel mit Europa. Im Vertrag von Nanking, den „Ungleichen Verträgen", wie er und später folgende Übereinkommen bezeichnet wurden, vereinbarten die Beteiligten die Öffnung der chinesischen Häfen Shanghai, Kanton, Xiamen, Fuzhou und Ningbo. Hongkong wurde besetzt und 1843 britische Kronkolonie; ab da entwickelte sich die Stadt zu einem wichtigen Handelsstützpunkt. Die Verträge ermöglichten auch die Massenmigration chinesischer Arbeiter („Kulis") nach Amerika. Allein über Hongkong wanderten bis zum Zweiten Weltkrieg über sechs Millionen Menschen aus – viele von ihnen kehrten jedoch wieder nach China zurück. Auch das Deutsche Kaiserreich, 1871 gegründet, nahm Land in Übersee in Besitz. Den afrikanischen Kolonien Togo, Kamerun, Deutsch-Südwestafrika und Deutsch-Ostafrika folgte 1897 die Eroberung

Bildpostkarte aus der deutschen Kolonie Kiautschou in der nordchinesischen Provinz Shandong. Von 1897 bis 1914 stand die Kolonie unter deutscher Herrschaft und diente im Zuge deutscher „Weltpolitik" als Flottenstützpunkt für die Reichsmarine. Großadmiral Alfred von Tirpitz wollte dort ein „deutsches Hongkong" entstehen lassen, in Wirklichkeit verschlang der Ausbau der Kolonie und der Hafenanlagen in Tsingtao große Summen.

des Flottenstützpunktes Kiautschou (Qingdao) in Chinas nördlicher Provinz Shandong. Neben anderen Betrieben ließ sich hier die Germania-Brauerei nieder, deren Nachfolgeprodukt, das Tsingtao-Bier, bis heute in China gebraut und verkauft wird und auch in Asia-Imbissen in Hamburg und andernorts getrunken werden kann.

Der Vertrag von Nanking förderte den Handel zwischen Hamburg und China spürbar.[6] Liefen 1847 je drei Schiffe aus Hamburg, Bremen und Preußen in den Hafen von Kanton ein, um dort Waren wie insbesondere Tee zu laden und nach Europa zu bringen, so stieg ihre Zahl im Jahre 1851 auf 20 aus Hamburg und 12 aus Bremen an. 1858 lagen in den fünf chinesischen Vertragshäfen insgesamt 1140 ausländische Segelschiffe, darunter 696 aus England, 236 aus den USA, 180 aus Deutschland und 117 aus Holland. Von den deutschen Schiffen kam die Hälfte aus Hamburg, das damit zu diesem Zeitpunkt bereits eine wichtige Position im Chinahandel einnahm.

Nicht nur Schiffe gelangten aus Hamburg in die chinesischen Häfen, Hamburger Kaufleute wollten selbst, ebenso wie die Briten, von der erzwungenen Öffnung des Landes wirtschaftlich profitieren und vor Ort Handel treiben. Hamburgische Kaufleute gehörten – dem hanseatischen, später von Albert Ballin und der Hapag übernommenen Motto „Mein Feld ist die Welt" folgend –

zu den Wegbereitern späterer kolonialer Besitznahmen und etablierten insbesondere im 19. Jahrhundert zahlreiche Handelsverbindungen in alle Welt. Die Hamburger Bank- und Handelshäuser Berenberg, Gossler & Co. und Parish & Co. schickten 1797 das nachweislich erste Schiff unter Hamburger Flagge nach Kanton. Ein weiterer Pionier war der in Berlin geborene und in Hamburg ausgebildete Kaufmann Johann Carl Heinrich Wilhelm Oswald (1798–1859), der in den 1820er Jahren zwei Schiffe nach China entsendete und dort die Einfuhr schlesischer Tuche fördern wollte. Der Altonaer Carl Wilhelm Engelbrecht von Pustau (1820–1879) eröffnete am 1. Januar 1843 das erste Hamburger Handelshaus in China, finanziell unterstützt wurde er dabei von dem Hamburger Bankier Salomon Heine, dem Onkel Heinrich Heines.

In der Folge ließen sich weitere Hamburger Handelshäuser wie Siemssen & Co., Carlowitz & Co. und Jebsen & Jessen in China nieder. Georg Theodor Siemssen (1816–1886) unternahm 1841 für die Firma T. E. Vidal aus Batavia (dem heutigen Jakarta) in Niederländisch-Indien eine Reise nach Kanton, um den dortigen Markt für Waren aus Deutschland zu erkunden. Am 1. Oktober 1846 gründete er seine eigene Firma mit Sitz in Kanton und handelte vor allem mit chinesischem Tee, aber auch mit Gewürzen und mit Bambusrohr für die Möbelherstellung. Siemssen war sehr erfolgreich und spann in den folgenden Jahren „ein dichtes Netz von Beziehungen und Handelswegen"[7] zwischen China und Europa. Das Handelshaus expandierte schnell: 1855 gründete Siemssen eine Filiale in Hongkong und ein Jahr später eine weitere in Shanghai; 1859 eröffnete eine Niederlassung in Hamburg. Dem Sinologen Bernd Eberstein zufolge hat Siemssen nicht nur geholfen, die wirtschaftlichen Beziehungen auszubauen, seine Person und sein Unternehmen spielten darüber hinaus im gesellschaftlichen Leben der „Vertragshäfen" eine bedeutende Rolle. Dort entstanden von der chinesischen Verwaltung losgelöste internationale Stadtgebiete (Konzessionen), in denen sich die europäischen Kaufleute mit ihren Familien niederließen und – abgesondert von der chinesischen Bevölkerung – ein Zusammenleben unter kolonialen Vorzeichen pflegten.

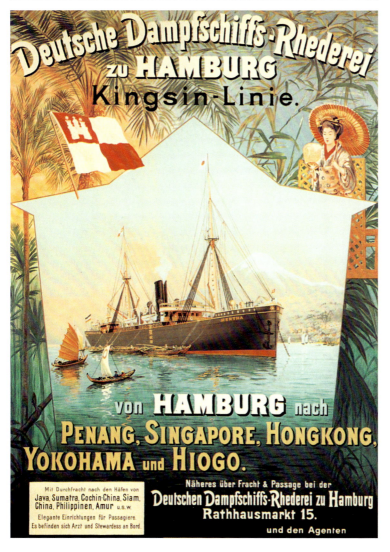

Richard von Carlowitz (1817–1886), bedeutender Protagonist des deutschen Chinahandels im 19. Jahrhundert.

Albert Ballin (1857–1918). Unter seiner Leitung florierte die Hapag. Ballin war eine der Lichtgestalten der Hamburger Wirtschaft, wurde angesichts seiner jüdischen Herkunft aber auch angefeindet.

Werbeplakat der zur Hapag gehörenden Deutschen Dampfschiffs-Rhederei, genannt Kingsin-Linie (um 1900, links).

Ein anderer zentraler Protagonist des deutschen Chinahandels war Richard von Carlowitz (1817–1886). Er kam 1844 auf einer Handelsexpedition nach Asien, wo er am 1. Januar 1846, nach ersten erfolgreichen Transaktionen, zusammen mit Bernhard Harkort in Kanton die Firma Carlowitz, Harkort & Co. gründete (1855 in Carlowitz & Co. umbenannt). Wie Siemssen baute er in China ein umfangreiches Vertriebsnetz für deutsche und europäische Waren auf, beteiligte sich aber auch an Waffengeschäften.

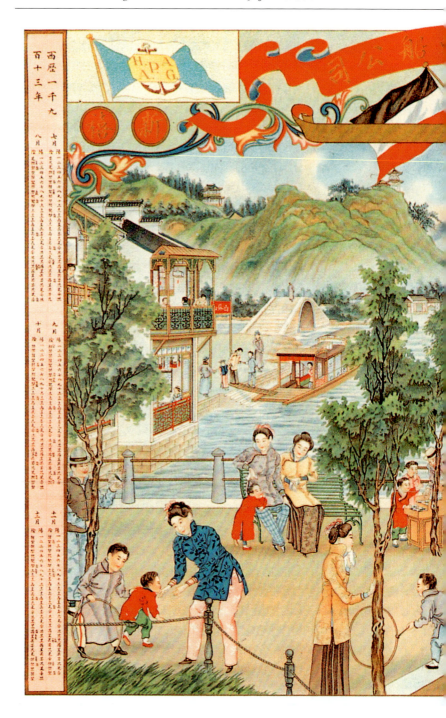

Werbekalender der Hapag für chinesische Kunden (1913). Europäische Reedereien betrieben nicht nur Liniendienste nach Ostasien, sie dominierten auch die chinesische Küstenschifffahrt. Deutsche Reedereien genossen einen guten Ruf, da sie als zuverlässig und modern galten und die Wünsche ihrer vermögenden Kundschaft berücksichtigten.

Etwas später gründete sich das Handelshaus Jebsen & Jessen, das 1895 in Hongkong registriert wurde. 1897 übernahm es zudem die Vertretung für die Badische Anilin- & Soda-Fabrik (BASF) in ganz Ostasien.

An erster Stelle war es die Schifffahrt, welche die wirtschaftlichen Unternehmungen in China und den Handel zwischen Europa und China ermöglichte. Die Hamburger Reedereien und der Hamburger Hafen verbesserten im Laufe des 19. Jahrhunderts ihre Position deutlich. 1847 gründete sich beispielsweise die „Hamburg-Amerikanische Packetfahrt-Actien-Gesellschaft", kurz Hapag genannt, die in den folgenden Jahrzehnten zur größten Reederei der Welt aufsteigen sollte. Maßgeblichen Anteil daran hatte Albert Ballin (1857–1918), seit 1899 Generaldirektor der Reederei, der über großes Verhandlungsgeschick und innovative Ideen verfügte.[8] Seit 1898 betrieb die Hapag, die seit jener Zeit auch den Namen „Hamburg-Amerika Linie" trug, regelmäßige Schifffahrtslinien nach Ostasien.[9] Der monatliche Liniendienst führte von Hamburg nach Antwerpen, sodann über Singapur nach Hongkong, Shanghai und Yokohama, mit Anschluss nach Kiautschou. Damit existierte nicht nur eine direkte Schifffahrtslinie zwischen Hamburg und den wichtigen chinesischen Handelsdrehscheiben Hongkong und Shanghai, zugleich wurde auch die deutsche Kolonie in China mit dem „Mutterland" verbunden. Der Norddeutsche Lloyd aus Bremen hatte bereits seit 1886 auf Beschluss des Reichstags eine 14-tägliche Reichspostdampferlinie in Dienst gestellt, deren Schiffe Ostasien und Australien anliefen.

Deutsche Reedereien engagierten sich seit Mitte des 19. Jahrhunderts sehr stark in der chinesischen Küstenschifffahrt. Deutsche Segelschiffe waren den chinesischen Dschunken in der Manövrierfähigkeit deutlich überlegen, so konnten sie auch gegen Monsunwinde kreuzen. Einige Handelshäuser wie Siemssen waren ebenfalls in die Küstenschifffahrt involviert. Dies betraf auch „Kuli"-Transporte von Hongkong nach Amerika, mit denen chinesische Arbeitsmigranten unter oftmals menschenunwürdigen Bedingungen nach Amerika verbracht wurden. Viele Menschen kamen dabei ums Leben. Die Verhältnisse auf diesen Schiffen erinnerten an die Missstände der Sklaverei und waren bereits

Hamburger Kaufleute in China im 19. Jahrhundert

Markanter Punkt am Speersort in der Hamburger Innenstadt: das Ost-Asien-Haus der 1887 gegründeten Firma Tee-Maass mit dem auffälligen Pagodenturm (ca. 1910), in dem nicht nur Tee, sondern auch Vasen, Porzellan und Bambusmöbel verkauft wurden.

Hamburger Kaufleute in China im 19. Jahrhundert

Das Asia-Haus in der Willy-Brandt-Straße 49. Reichsadler und chinesische Masken weisen an dem 1906 im Auftrag des Hamburger Kaufmanns Theodor Lind erbauten Kontorhaus auf den Handel mit dem „Fernen Osten" und den deutschen Kolonialismus in China hin.

damals in einigen insbesondere christlich geprägten Kreisen sehr umstritten. Ab Mitte des Jahrhunderts beschleunigte die Dampfschifffahrt den Transport chinesischer Arbeitsmigranten erheblich: „Seit den letzten 3 Jahren ziehen immer zunehmende Scharen von Chinesen in die Ferne, weil man selbst im weiten Innern immer mehr mit dem Ausland vertraut wird, und weil die stets häufiger und wohlfeiler werdende Dampfschiffahrt günstigste Gelegenheit bietet."[10]

Aufgrund der Industrialisierung veränderte sich Europa im 19. Jahrhundert stark, und auch die Menschen nahmen neue Verhaltensweisen an. Der Konsum von Kaffee und Tee breitete sich aus, verbesserte Transportmöglichkeiten ließen die Preise sinken und die Produkte wurden für eine größere Käuferschicht erschwinglich. Das traf auch auf Zucker zu, der im Mittelalter noch ein ausgesprochenes Luxusgut gewesen war und dank des Plantagenanbaus in der Karibik nun ebenfalls erheblich im Preis sank. Der Bezug von Tee war eng mit China verknüpft, und auch in Hamburg eröffneten einige Teehäuser, die diese Verbindungen mit dem „Reich der Mitte" betonten. 1830 wurde das „Chinesische Thee-Hause" in der Reichenstraße 22 gegründet, aus dem später das Ostindische Teehaus hervorgehen sollte. 1836 eröffnete Gustav C. H. J. Balck in der Admiralitätstraße 39 sein Teegeschäft („Export und Import von allerlei Gewürzen und Thee"). Ein halbes Jahrhundert später, im Jahre 1887, rief Theodor Maass sein Teehaus ins Leben, das heute seinen Sitz in Rellingen hat, aber immer noch eine Filiale in der Hamburger Innenstadt unterhält (Börsenbrücke 2a). Um die Jahrhundertwende lag das Geschäft am Jungfernstieg in der Passage Scholvien und wurde als „Bazar feiner China und Japanwaaren" beworben. Dort konnten neben Tee auch „hochfeine Chines. Tassen", Vasen, Bambusmöbel, Waffen, Seidenstickereien und andere „Curiositäten" erworben werden.

Der Durst nach exotischen Dingen war seinerzeit sehr ausgeprägt, und der Kolonialismus jener Epoche feuerte dies noch zusätzlich an. Kolonialismus beschränkte sich allgemein nicht auf Eroberungen in weit entfernten Regionen, sondern konnte auch direkt um die Ecke in der eigenen Heimatstadt erlebt werden. So konsumierten die Menschen „Kolonialwaren", Genussmittel wie Kaffee, Kakao und eben auch Tee. Die „Völkerschauen" von Carl Hagenbeck[11], die außereuropäische Menschen mit ihren Unterkünften und Tieren präsentierten, entwickelten sich von Hamburg aus zu einer wahren Modeerscheinung des späten 19. und frühen 20. Jahrhunderts.[12] Auch einige Pflanzen aus Ostasien erfreuten sich zu dieser Zeit großer Beliebtheit in Europa, etwa die Kamelie, eine Zierpflanze aus der Familie der Teestrauchgewächse, die auch in Hamburg manchen Garten schmückte.

Die Handelsverbindungen mit China wirkten auf vielfache Weise auf Hamburg. Um den Warenverkehr mit China zu finanzieren, entstanden im 19. Jahrhundert Bankhäuser wie die „Hongkong and Shanghai Banking Corporation" (HSBC). Die HSBC wurde 1865 vom Briten Thomas Sutherland gegründet und sollte insbesondere den Handel zwischen Großbritannien und China fördern. Deutsche Einflüsse spielten jedoch ebenso eine große Rolle, denn das Hamburger Kreditinstitut Berenberg, Gossler & Co., welches bereits Handelsexpeditionen nach China unternommen hatte, war einer der Hauptaktionäre der Bank. Im Jahr 1889 eröffnete eine Zweigstelle in Hamburg, womit die Stadt ihren Status als wichtige Drehscheibe für den Chinahandel festigte.[13]

Die Hamburger China-Kaufleute verspürten zu jener Zeit das Bedürfnis, sich zu organisieren. 1900 gründeten sie den Ostasia-

„Liebesmahl" des Ostasiatischen Vereins mit Prinz Heinrich von Preußen (1862–1929), dem jüngeren Bruder Wilhelms II., in der Bildmitte rechts (1901). Der im Jahr 1900 gegründete Verein vertrat die Interessen der Hamburger China-Kaufleute und verfügte über beste Verbindungen in die Politik.

tischen Verein (OAV), der als Interessenvertretung der einschlägigen Firmen und Personen fungieren und Probleme beheben sollte.[14] 1901 konstituierte sich je eine Chinesische und eine Japanische Kommission, welche die Mitglieder noch zielgerichteter vernetzen sollten. Schon im ersten Jahr hatte der Verein 123 Mitglieder, deren Zahl bis 1914 auf 288 anwuchs. Der Ostasiatische Verein betrieb eine klassische Lobbyarbeit und übte Druck auf die Politik aus, um die wirtschaftliche Position seiner Mitglieder zu stärken. Neben seiner wirtschaftspolitischen Ausrichtung versuchte der Verein aber auch das kulturelle Leben zu bereichern; er veranstaltete seit 1901 beispielsweise jährliche große Festessen, „Liebesmahl" genannt, eine Bezeichnung, die heute möglicherweise andere Assoziationen weckt. An diesen Festivitäten nahmen regelmäßig einflussreiche Persönlichkeiten teil und bezeugten damit die große Bedeutung der „Chinadeutschen" für den deutschen Außenhandel. Publizistisch wurde der Verein ebenfalls aktiv und veröffentlichte Reden und ein Verzeichnis der in Hamburger Bibliotheken zugänglichen Literatur über Ostasien.[15] Trotz bestehender Konkurrenz halfen sich die Vereinsmitglieder untereinander und bauten die persönlichen Netzwerke aus, was dem Erfolg der Handelshäuser sicher nicht abträglich war.
Vor rund einhundert Jahren waren die deutsch-chinesischen Beziehungen keineswegs gleichberechtigt. Das von Bernd Eber-

stein akribisch untersuchte deutsch-chinesische Verhältnis lässt sich in jener Epoche kaum als „Geschichte einer Partnerschaft" interpretieren. Schließlich herrschte die Hochphase des Imperialismus und Kolonialismus, in der europäische Großmächte wie Großbritannien und Frankreich es als legitim und geradezu als notwendig erachteten, in aller Welt die eigene Flagge zu hissen und die dortige Bevölkerung mittels Waffengewalt und lokaler Eliten zu beherrschen. Deutschland stieg zwar recht spät in jenen Wettlauf um Kolonien ein („scramble for Africa"), war aber genauso ambitioniert. Auch das Chinesische Reich entwickelte sich zum Spielball der kolonialen Mächte, den erwähnten „Ungleichen Verträgen" sollten noch weitere Demütigungen folgen.[16]

Dies traf wie vielleicht kein anderes Ereignis auf den sogenannten Boxeraufstand zu, der im Sommer 1900 Europa in Atem hielt. Die chinesischen „Boxer" – die *Yihetuan*, „in Rechtschaffenheit vereinigte Faustkämpfer" – wollten den kolonialen Einfluss in China zurückdrängen und die Europäer aus ihrer Heimat vertreiben.[17] Als der deutsche Gesandte in Peking, Clemens von Ketteler, am 20. Juni von einem chinesischen Soldaten auf offener Straße getötet wurde, spitzte sich die Lage zu, und europäische Mächte entsandten ein internationales Militäraufgebot nach China, um die im Pekinger Gesandtschaftsviertel belagerten Europäer zu befreien und der schwachen und taumelnden chinesischen Führung unter der Kaiserwitwe Cixi eine Lektion zu erteilen. Die Leitung des internationalen Einsatzes, an dem sich u. a. auch Briten, Franzosen, Österreicher und Amerikaner beteiligten, erhielt Deutschland zugesprochen und wurde Alfred von Waldersee übertragen. Wilhelm II. verabschiedete die deutschen Truppen am 17. Juli 1900 in Bremerhaven mit jener berüchtigten „Hunnenrede", in der er seine Soldaten beschwor, „kein Pardon" gegenüber den Chinesen zu geben, damit auch in eintausend Jahren kein Chinese es wagen würde, einen Deutschen auch nur „scheel" anzublicken. Bei dem Vormarsch nach Peking gingen die europäischen Truppen äußerst brutal gegenüber der Zivilbevölkerung vor und plünderten in der chinesischen Hauptstadt schließlich die Verbotene Stadt.

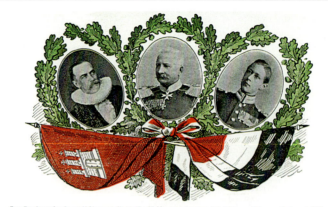

Postkarte des Hamburger Senats: Empfang von Generalfeldmarschall Graf von Waldersee, Leiter der internationalen Militärexpedition in China, am 8. August 1901 in Hamburg nach der Niederschlagung des Boxeraufstands.

Waldersee und das deutsche Armeekorps wurden am 8. August 1901 bei ihrer Rückkehr im Hamburger Hafen begrüßt.[18] Der Hamburger Senat gab einen feierlichen Empfang und brachte eigens eine Postkarte heraus, auf der neben Waldersee der Hamburger Bürgermeister Gerhard Hachmann und Kronprinz Friedrich Wilhelm (der den Kaiser vertreten sollte, dann aber selbst aus familiären Gründen absagen musste) abgebildet waren. Bisweilen, wenn auch sehr selten, wurde aber auch Verständnis für die chinesische Seite laut, die angesichts der europäischen Händlerkolonien in den Vertragshäfen und den europäischen Kolonien wie Hongkong, Macao und auch dem „deutschen" Kiautschou/Tsingtao den europäischen Einfluss als eine nationale Demütigung empfand. Einer äußerte sich wie folgt: „Was würden wir sagen, wenn wir plötzlich chinesischen Kaufleuten und Bankiers erlauben sollten, sich in größerer Anzahl in Hamburg und Bremen niederzulassen."[19] Dies blieb jedoch die Ausnahme, die allermeisten empfanden europäischen Imperialismus und das Überlegenheitsgefühl des Abendlandes als nur zu gerechtfertigt – auch gegenüber China und seiner jahrtausendealten Kultur.

Chinesen blieben Fremde und die chinesische Kultur etwas absolut Fremdes, wie ein Blick in die Literatur verdeutlicht.[20] Im Laufe des 19. Jahrhunderts erschienen einige Bücher, in denen chinesische Männer das Geheimnisvolle verkörperten. Gelegentlich wurde die Kritik an den bestehenden Verhältnissen auch einem Chinesen in den Mund gelegt, ganz dem seit der Aufklärung verwendeten Muster entsprechend, nach dem ein „Wilder" die angeblich so hohe Zivilisation Europas kritisiert. Besonders bekannt dürfte diesbezüglich die chinesische Figur in Theodor Fontanes „Effi Briest" sein, erstmals 1894/95 als Fortsetzungsroman und ein Jahr später als Buch erschienen. „Der Chinese" symbolisiert hier das Unheimliche und Exotische und bedient damit das damals verbreitete Klischee.

Eine andere chinesische „Hamburgensie" stellt das unter dem Pseudonym Crayon des Hen-Schel 1832 erschienene Buch „Chinesen in Hamburg!" dar, das sich gegen eine Veröffentlichung des konservativen Hamburger Juristen Carl Trummer richtete und dessen Thesen mit der seinerzeit absurden Vorstellung von Chinesen an der Elbe zu umschreiben versuchte.[21] Doch nicht nur Chinesen gelangten in literarischen Fiktionen an die Elbe, sogar die Existenz chinesischer Spione wurde bisweilen heraufbeschworen. Der französische Soldat Jacob Gallois verfasste „Der chinesische Spion in Hamburg", ein Text, der erst über hundert Jahre später, 1950, als Buch veröffentlicht werden sollte. Aus der Perspektive eines chinesischen Erzählers beschreibt der Verfasser darin Hamburg und seine Bevölkerung auf humoristische Weise und verfremdet damit die vermeintlich so vertrauten Verhältnisse.[22]

Diese literarischen Werke basierten freilich auf der Annahme, dass eine tatsächliche chinesische Präsenz unvorstellbar war. Dies sollte sich alsbald ändern.

Chinesische Seeleute und der Hamburger Hafen

Die Geschichte Hamburgs ist eng mit seinem Hafen verknüpft. Verkehrsgünstig am Schifffahrtsweg der Elbe und rund hundert Kilometer von der Nordsee entfernt gelegen, bietet er einen guten Zugang zu einem weiten Hinterland. Die Geburtsstunde des Hamburger Hafens wird mit einem Freibrief von Friedrich I. Barbarossa auf das Jahr 1189 datiert, was bis heute jährlich mit dem Hafengeburtstag Anfang Mai gebührend gefeiert wird. Schon während des Mittelalters und der Frühen Neuzeit gelangten zahlreiche Segelschiffe aus weit entfernten Regionen nach Hamburg und sorgten für eine bunte und „internationale" Atmosphäre im Hafen und in der Stadt. Während des 19. Jahrhunderts profitierte Hamburg dann davon, dass die Kolonien der europäischen Großmächte in Südamerika sowie die Vereinigten Staaten von Amerika im weltweiten Handel und Verkehr beträchtlich an Bedeutung gewannen. Der Transport von Gütern und die Beförderung zumeist osteuropäischer Migranten nach Amerika entwickelte sich zu einem lukrativen Geschäft, von dem auch hamburgische Reedereien wie insbesondere die Hapag erheblich profitierten.

Das Zeitalter der Industrialisierung verwandelte die Schifffahrt nachhaltig. Nachdem Menschen jahrhundertelang mit Segelschiffen die Welt erkundet und befahren hatten, setzte sich um die Mitte des 19. Jahrhunderts das Dampfschiff durch. Es revolutionierte die maritime Welt. Die neuen Schiffe fuhren windunabhängig und konnten damals erstmals Linienfahrpläne einhalten. Das Dampfschiff veränderte aber auch die Arbeit an Bord grundlegend; während zuvor ein eingespieltes Team von Seeleuten die Segel setzte und einholte, entstanden nun die neuen Tätigkeiten des Heizers und des Trimmers (Kohlenzieher), die im Bauch der Schiffe die Kessel mit großen Mengen Kohle füllten. Dies war eine körperlich sehr anstrengende Arbeit, die in tropischen Gefilden und bei entsprechend hohen Temperaturen zu einer regelrechten Tortur werden konnte.

Seit den 1890er Jahren begannen europäische Reedereien, „farbige Seeleute" für ihre Dampfschiffe anzuheuern.[23] In der britischen Schifffahrt arbeiteten aufgrund der kolonialen Verbindungen zahlreiche indische Seeleute, die in der seemännischen Fachsprache als „Laskaren" bezeichnet wurden. Neben einer kleineren Gruppe von schwarzen Seeleuten, die wie die „Kru-Boys"[24] als Ladearbeiter auf den Schiffen mitgeführt wurden, musterten die Reedereien vor allem chinesische Seeleute als Heizer an. Als „Kulis" eilte chinesischen Arbeitern ein positiver Ruf voraus, sie galten als besonders „billig" und „willig" und entsprachen damit genau dem gegenteiligen Bild des deutschen Seemanns, der in den Augen der Unternehmer eher renitent, politisch links und dem Alkohol zugeneigt war.[25] In den Vereinigten Staaten hatten chinesische Arbeiter sich bereits zuvor einen sehr guten Ruf erworben, etwa beim Ausbau des Eisenbahnnetzes oder im kalifornischen Bergbau.

Deutsche Reedereien wie der Norddeutsche Lloyd, die Hapag und die Rickmers Reederei (seit 1917 mit Sitz in Hamburg) beschäftigten chinesische Heizer, um Personalkosten zu sparen; die Chinesen erhielten teilweise nur bis zu einem Drittel der Heuer ihrer europäischen Kollegen. Ein weiterer willkommener Nebenaspekt bestand darin, zur Hochzeit des Kolonialismus die gerade auch in Hafenstädten wie Hamburg aufstrebende politische Arbeiterbewegung mittels „farbiger" Arbeiter zu spalten. Mediziner rechtfertigten die Beschäftigung der fremden Seeleute als „Pflicht des Staates" und ein „Gebot der Humanität" und verwiesen auf die schwierigen Arbeitsbedingungen und die vielen Hitzschläge von europäischen Heizern. In tropischen Gewässern konnten die Temperaturen vor den Kesseln der Dampfschiffe dramatisch steigen, und sehr häufig sprangen dann Heizer im Hitzschlag über Bord. Dass chinesische Heizer jedoch kaum „hitzeresistenter" waren als ihre europäischen Kollegen, darauf wiesen schon damals Mediziner wie Bernhard Nocht, Direktor des 1900 eröffneten Tropeninstituts, hin. Die vergleichbar häufigen Hitzschläge von chinesischen Heizern widerlegten die These, Asiaten und Afrikaner seien für diese Tätigkeit besser geeignet.

Chinesische Seeleute wurden von den Reedereien vor allem auf der Route zwischen Europa und Ostasien eingesetzt, ab der Jahrhundertwende aber auch auf anderen Linien wie in der transatlantischen Fahrt. Die Anzahl chinesischer Heizer war nicht unerheblich; 1902 kamen bei insgesamt 50 000 Beschäftigten in

Chinesische Heizer und Trimmer (Kohlenzieher) auf einem Dampfschiff des Norddeutschen Lloyds (um 1900). In der Bildmitte der chinesische Oberheizer (Number One), rechts ein deutscher Schiffsoffizier. Die Crews von Heizern auf Dampfschiffen wurden immer ethnisch einheitlich zusammengestellt. Der im Vergleich zu den oft sehr jungen Heizern ältere Oberheizer gewährleistete die Kommunikation zwischen Mannschaft und Schiffsleitung.

der deutschen Seeschifffahrt rund 3000 Seeleute aus China. In den folgenden Jahren stiegen die absoluten Zahlen noch einmal an. Chinesische Seeleute arbeiteten in der Regel als eine geschlossene Crew von – je nach Größe des Schiffs – rund 20 bis 40 Männern, wobei der Oberheizer (engl. *Number One*) die Kommunikation mit den Offizieren und anderen Stellen übernahm. Die überwiegende Mehrheit der Chinesen arbeitete im Feuerungsdienst. Daneben wurden Chinesen auch als Wäscher eingesetzt, woraus sie sogar eine chinesische Domäne machen konnten: Frauen waren nicht an Bord, und die europäischen Männer besaßen eine große Abneigung für diese als feminin erachtete Tätigkeit. Die Reedereien beschäftigten zudem chinesisches Servicepersonal wie Köche und Stewards, was dem kolonialen Bild der damaligen Zeit sehr entsprach.

Die „chinesischen" Seeleute stammten aus einer vergleichsweise kleinen Region im Süden Chinas, dem Delta des Perlflusses (Zhujiang) in der Provinz Guangdong. In der Regel kamen die Seeleute aus den umliegenden Bezirken der Stadt Kanton (Guangzhou), sie sprachen kantonesische Dialekte und unterschieden sich damit sprachlich und kulturell stark von Menschen aus anderen Regionen des Landes. Weitere Herkunftsorte chinesischer Seeleute waren die Hafenstädte und Vertragshäfen von Ningbo und Shanghai. Das Zentrum der Anwerbung der Seeleute lag in der britischen Kolonie Hongkong und war damit einige Tagesmärsche von den meist dörflichen Herkunftsorten entfernt. Hier versammelten sich um die Jahrhundertwende schätzungsweise 120 000–150 000 chinesische Seeleute, die eine Beschäftigung an Bord eines europäischen Dampfschiffs oder eines Küstenschiffs anstrebten. Die zumeist sehr jungen Männer wollten innerhalb weniger Jahre einen gewissen Geldbetrag sparen und gleichzeitig ihre Familien finanziell unterstützen – sie hatten also nicht vor, in die Fremde zu ziehen oder sogar langfristig auszuwandern. Ebenso wie europäische Seeleute während des 19. Jahrhunderts waren Chinesen von Übervorteilung und Ausbeutung betroffen. Dies resultierte aus der Vermittlungstätigkeit von Agenten, die für europäische Reedereien chinesische Seeleute anwarben, und aus persönlichen Abhängigkeitsverhältnissen. Ausbeutung und die Kontakte mit der außerchinesischen Welt förderten das Gerechtigkeitsgefühl und den Nationalstolz unter chinesischen Seeleuten. Viele von ihnen gehörten beispielsweise zu den treuen Anhängern des Revolutionärs und ersten Staatspräsidenten der Chinesischen Republik, Sun Yat-sen (1866–1925), der ebenfalls aus Guangdong stammte und lange in Hawaii und Japan lebte.

Die Beschäftigung chinesischer Seeleute auf deutschen Handelsschiffen entwickelte sich schnell zu einem äußerst umstrittenen Thema. Sozialdemokraten und Gewerkschafter wie Paul Müller (1875–1925), ein ehemaliger Seemann und seit 1894 in Hamburg lebend, attackierten die Reedereien scharf dafür, dass sie „farbige Seeleute" anheuerten und damit deutsche Seeleute verdrängten. Insbesondere die Niedriglöhne für die Chinesen – auf dem maritimen Arbeitsmarkt gab es keinerlei staatliche Eingriffe – waren der Arbeiterschaft ein Dorn im Auge. Das sozialdemokratische „Hamburger Echo" etwa schrieb 1892: „Mit großer Vorliebe engagirt ja jetzt der Lloyd chinesische Heizer und Kohlenzieher auf seinen Schiffen, weil diese ‚widerstandsfähiger gegen die Hitze' sein sollen, in Thatsache aber, wie wir schon mehrfach betonten, weil sie bedürfnisloser, also billiger und unterwürfiger sind."[26] Das Zitat zeigt, dass nicht nur die niedrigen Heuern kritisiert, sondern chinesischen Seeleuten auch negative Charaktereigenschaften zugeschrieben wurden – die „Unterwürfigkeit" deckte sich gänzlich mit dem Bild des „Kulis". Chinesen galten nicht nur als „Reedereilieblinge", die um die Jahrhundertwende vielfach beschworene „gelbe Gefahr" wurde auch gegenüber chinesischen Seeleuten ausgemacht und proklamiert.[27] In die teilweise nachvollziehbare gewerkschaftliche Argumentation gegen die Beschäftigungspolitik der Reeder, die auch wiederholt den Reichstag beschäftigte und regelmäßig von Sozialdemokraten wie August Bebel vorgetragen wurde, mischten sich jedoch immer wieder auch rassistische Untertöne. Chinesische Arbeiter galten vielfach nicht als gleichberechtigte Kollegen, sondern als Angehörige einer vermeintlich zurückgebliebenen Zivilisation und einer anderen „Rasse".

Das Schlagwort von der „gelben Gefahr" führt vor Augen, wie sehr die Welt um 1900 bereits „globalisiert" war. Ein möglicher Aufstieg Asiens, in Form der Industrialisierung Chinas oder der Aufrüstung des japanischen Militärs, galt als Schreckgespenst, schien dies doch die vermeintlich zementierte Vormachtstellung Europas zu untergraben. In Hamburg, mit Blick auf den Hafen, ließen sich die Verbindungen mit der Welt besonders leicht nachvollziehen, und nicht nur Hamburger Kaufleute verfolgten interessiert die Geschehnisse in der Welt, auch Arbeiter diskutierten sie ausführlich. Hamburger Arbeiter äußerten in Kneipengesprächen ihre Sorge, dass „chinesische Kulis" auch in Europa Fuß fassen könnten, denn angesichts ihrer Anspruchslosigkeit könne kein europäischer Arbeiter mit ihnen konkurrieren.[28]

Wegen der Arbeit an Bord europäischer Dampfschiffe gelangten chinesische Seeleute seit den 1890er Jahren in den Hamburger Hafen und besuchten auf Landgängen auch die hafennahen Viertel wie insbesondere das maritim geprägte Vergnügungsviertel St. Pauli. Nach wochen- und teilweise monatelanger Fahrt verspürten sie wie auch ihre europäischen Kollegen den Drang, wieder festen Boden unter den Füßen zu spüren und sich zu zerstreuen. In St. Pauli treffe man „ganze Rudel von Chinesen", schrieb das „Hamburger Echo" 1901, da diese meist gemeinsam die Gegend erkundeten.[29] Waren in englischen Hafenstädten wie London und Liverpool bereits in den 1890er Jahren kleine „Chinesenviertel"

Chinesische Seeleute und der Hamburger Hafen

Chinesische Seeleute und der Hamburger Hafen

„Mittellose chinesische Heizer" in Hamburg, wie die Bildunterschrift in dem Buch „Großstadtpolizei" des Hamburger Polizeipräsidenten Gustav Roscher lautet (1912). Die Hamburger Polizei überwachte mit Argusaugen die Aufenthalte chinesischer Seeleute in der Stadt und wollte eine dauerhafte Einwanderung von Chinesen in St. Pauli vor dem Ersten Weltkrieg unbedingt verhindern.

Die bunte, internationale Atmosphäre an der Hamburger Waterkant auf einer „ironischen" Postkarte (um 1910). Ausländische Seeleute und fremde Sprachen gehörten zur Normalität in Hafennähe; schwarze und chinesische Seeleute, „Farbige", fielen aufgrund ihrer äußeren Erscheinung jedoch besonders auf.

entstanden, geschah dies in St. Pauli trotz der spürbaren chinesischen Präsenz vorerst nicht. Die Hamburger Polizeibehörde achtete äußerst penibel darauf, dass sich chinesische Seeleute nicht länger als unbedingt notwendig, möglichst nur wenige Tage, in der Stadt aufhielten. Die Hamburger Hafenpolizei, die um die Jahrhundertwende über zweihundert Beamte und mehrere Boote verfügte, überwachte „farbige Seeleute" besonders sorgfältig und versuchte, den Radius chinesischer Seeleute einzuschränken. Eine chinesische Einwanderung wollte die Hamburger Polizei tunlichst verhindern. Als beispielsweise 1912 Won Tip, ein in Liverpool lebender Chinese, im Wolfgangsweg eine Unterkunft für chinesische Seeleute zu eröffnen beabsichtigte, lehnte die Polizeibehörde sein Gesuch ab und wies darauf hin, dass dies der Beginn einer chinesischen Migration werden könne.

Das ehemalige Hafenkrankenhaus in der früheren Bernhardstraße, der heutigen Bernhard-Nocht-Straße. Das 1900 eröffnete Krankenhaus unterstand direkt der Hamburger Polizeibehörde, womit das heimliche Abtauchen fremder Seeleute in Hamburg verhindert werden sollte.

Für die ablehnende Haltung seitens der Hamburger Behörden spielten hygienische Gesichtspunkte eine maßgebliche Rolle. 1892 hatte eine verheerende Choleraepidemie die Stadt heimgesucht und annähernd 9600 Todesopfer gefordert (und zudem das internationale Ansehen Hamburgs als hafenstädtische Handelsmetropole stark beschädigt).[30] In den folgenden Jahren und Jahrzehnten professionalisierte der Senat daraufhin die gesundheitliche Überwachung auch und gerade des Hafens und schuf neue Institutionen wie den Hafenarzt (1893) und das Hafenkrankenhaus (1900/01). Bernhard Nocht, erster Hafenarzt und später renommierter Tropenmediziner, brachte die hygienischen Gefahren und die daraus resultierende besondere Aufgabe Hamburgs wenige Jahre vor dem Ersten Weltkrieg folgendermaßen auf den Punkt: „Es gilt, die Stadt und das ganze deutsche Vaterland vor dem *Einbruch fremder Volksseuchen* auf dem Seewege zu schützen."[31] Chinesen galten in der damaligen Vorstellungswelt als eine Gefahr für die städtische Gesundheit. Eine Sichtweise, die sich nicht auf Europa beschränkte, sondern im erklärten Einwanderungsland Amerika und der um 1850 entstandenen Chinatown in San Francisco ebenfalls verbreitet war.

Trotz der beschriebenen behördlichen Ablehnung chinesischer Migranten lebten vor dem Ersten Weltkrieg bereits einige chinesische Männer in der Stadt – chinesische Frauen fehlten bis zur

Visitenkarte des Dolmetschers Kock Kwan Sow, der in der Schmilinskystraße in St. Georg lebte (1915). Kock übte eine wichtige Funktion aus, indem er zwischen deutschen Reedereien und den Hamburger Behörden und chinesischen Seeleuten vermittelte.

Mitte des Jahrhunderts nahezu gänzlich. Ein großes Problem stellte die Kommunikation zwischen Reedereien und Polizei auf der einen und chinesischen Seeleuten auf der anderen Seite dar. Allein deshalb mussten einzelne Chinesen in Hamburg vor Ort sein, um bei Bedarf zwischen den Parteien vermitteln zu können. Seit der Jahrhundertwende lebte der Dolmetscher Kock Kwan Sow aus Kanton in der Stadt und genoss das Vertrauen der staatlichen Stellen. Seine Tätigkeit und seine kantonesischen und deutschen Sprachkenntnisse waren eine solche Seltenheit, dass er gelegentlich auch in Bremen als Dolmetscher zurate gezogen wurde. Auch einige andere Chinesen schafften den dauerhaften Sprung nach Hamburg, wie etwa eine kleine Gruppe chinesischer Wäscher, die in der Wäscherei der Hapag arbeiteten.

Die Anzahl chinesischer Staatsangehöriger in Hamburg blieb zu dieser Zeit sehr niedrig. 1890 wurden 43 und zehn Jahre später genau 22 chinesische Staatsangehörige erfasst.[32] 1910 verzeichnet die Statistik dann immerhin 207 Personen, über die sonst wenig bekannt ist. Die Zählung wurde jeweils zum Stichtag am 1. Dezember durchgeführt und dürfte recht ungenau gewesen sein.

So wenige sie auch waren, erregten die chinesischen Seeleute in Hamburg einiges an Aufmerksamkeit. Selbst in dem international geprägten St. Pauli fielen sie ins Auge und wirkten ausgesprochen exotisch auf Einheimische wie Auswärtige. In der Beschreibung des Hamburger Hafens von Balder Olden von 1908 heißt es dazu: „Braune Matrosen, Malaien oder Javanesen stehn unten am Eingang zu St. Pauli und verkaufen die Raritäten ihrer Reise: Muscheln, die doppelzähnige Zunge des Schwertfischs, afrikanische Nilpferdpeitschen."[33] Die „braunen Matrosen" waren sicherlich chinesische Seeleute – die vergleichsweise dunkle Hautfarbe von Kantonesen ließ Europäer sie häufig mit anderen Gruppen wie den Malayen verwechseln –, die versuchten, in der Stadt den einen oder anderen zusätzlichen Groschen zu verdienen. Selbst Bildpostkarten wurden produziert, auf denen stilisierte chinesische Seeleute zu sehen waren und die, neben anderen „Fremden" wie Schwarzen, auf diese Weise die Internationalität des Hamburger Hafens darstellen sollten.

Der Ausbruch des Ersten Weltkriegs am 1. August 1914 überraschte trotz der vorausgegangenen wochenlangen politischen Krise viele Seeleute auf ihren Schiffen in der ganzen Welt, so auch rund 800 „farbige Seeleute" im Hamburger Hafen. Genau 340 Inder, 283 Chinesen und 187 Araber befanden sich auf Schiffen im Hafen. Sie wurden in provisorischen Lagern, etwa auf schnell umgebauten Schiffen, untergebracht und von den Behörden und dem Hafenarzt intensiv überwacht. Ein Teil der chinesischen Seeleute konnte in die Niederlande abwandern, die Hapag beschäftigte jedoch weiterhin eine Gruppe von rund hundert Chinesen in der Hoffnung, der Krieg werde bald enden und man könne dann kurzfristig den Fahrtdienst wieder aufnehmen. Sie wurden auf dem Hapag-Dampfer „Imperator" untergebracht, der bei seinem Stapellauf 1912 das größte Passagierschiff der Welt war und gewissermaßen die zivile Seite der deutschen Weltpolitik symbolisieren sollte. Die Chinesen verrichteten dort Instandhaltungsarbeiten und beheizten regelmäßig die Kessel, damit diese keinen Schaden nahmen.

Am 14. August 1917 erklärte die Chinesische Republik, die Anfang 1912 aus dem untergegangenen Chinesischen Reich hervorgegangen war, dem Deutschen Reich den Krieg. Dies geschah in der Hoffnung, die vormalige deutsche Kolonie Kiautschou wieder zurückzuerhalten, die im November 1914 von der japanischen Armee erobert worden war. Chinesen galten in Deutschland damit als „feindliche Ausländer", sie wurden von der einheimischen Bevölkerung zudem nicht selten mit den nun sehr verhassten Japanern verwechselt.

Ein Chinese namens A. F. Tai, der möglicherweise in einem Hamburger Handelshaus arbeitete oder dort ausgebildet wurde und sicherlich kein Seemann war, schrieb 1915 einen Protestbrief an die Schulbehörde: „Zunächst möchte ich bei Ihnen anfragen, ob Sie das Mittel hätten, die Kinder aufzuklären, daß China, welches durchaus sehr deutschfreundlich ist, sich nicht im Kriege mit Deutschland befindet. Und doch begreife ich es nicht, warum wir, wenn die Chinesen so deutschfreundlich gesinnt sind, noch überall durch Ausrufen ‚Tschin-Tschan' (dieses Wort lerne ich erst in Deutschland kennen, chinesisch ist es nicht) ‚Döt is Chineis' usw.

belästigt werden, und oftmals machen sie uns noch ein ekelhaftes Gesicht vor, welches nur eins zu bedeuten hat, daß wir ein Paar Schlitzaugen haben. [...] Auch Erwachsene beteiligen sich sehr oft an solchen Dummheiten, am schlimmsten ist es natürlich mit den Schulkindern. Ich habe bis jetzt, solange ich in Hamburg bin, leider noch keinen Tag verlebt, indem ich kein Schimpfen empfangen habe."34 Dieses Schreiben ist eines der wenigen Dokumente jener Zeit, aus der die Perspektive eines chinesischen Migranten ersichtlich wird. Die Hamburger Bevölkerung verwechselte Chinesen oft mit Japanern, während der Kriegszeit sehr zum Nachteil für die Chinesen. Im Alltag waren es gerade auch Kinder, die von den „Fremden" fasziniert waren und diese mit ihren erlernten Sprüchen und Liedern auf den Straßen behelligten und – nüchtern gesehen – beleidigten.

Die neue Lage betraf die chinesischen Seeleute in Hamburg teilweise ganz direkt. Die dreizehn von der Rickmers-Linie beschäftigten Chinesen waren nach dem Verkauf der Schiffe im Herbst 1917 arbeitslos und erhielten seit September keine Heuer mehr, da ihr Arbeitgeber irrtümlich annahm, dass „feindlichen" Ausländern kein Lohn ausgezahlt werden dürfe. „Die Seeleute befürchten nun interniert zu werden, obwohl sie bereit wären andere Arbeit anzunehmen, nur nicht bei Munitionsfabriken."35 Die Seeleute wollten sich demnach nicht in den Dienst Deutschlands, des chinesischen Kriegsgegners, stellen, was ihr politisches und nationales Bewusstsein unterstreicht. Der Hamburger Senat suchte nach einer Lösung in dieser Frage und sorgte dafür, dass ein Teil des Heuerguthabens, den die Reederei für die Heimschaffung der Chinesen zurückbehalten wollte, diesen für die dringend benötigte Anschaffung von Kleidung und Schuhwerk ausgezahlt wurde. Zudem erhielten sie eine vorübergehende Beschäftigung in der Straßenreinigung, bevor sie schließlich von der Hapag eingestellt wurden. Auch bezüglich der Ernährung war der Senat kooperativ und sorgte dafür, dass die Chinesen trotz der insgesamt angespannten Nahrungslage Reisrationen erhielten.

Nach dem Ende des Ersten Weltkriegs kehrten dann die meisten der in Hamburg und im übrigen Deutschland verbliebenen Chinesen in ihre Heimat zurück. Mitte Januar 1919 reiste eine Gruppe von 150 chinesischen Seeleuten aus Bremen und 80 aus Hamburg nach Kopenhagen und bestieg dort ein Schiff in Richtung China. Der Krieg stellte damit eine Zäsur für chinesische Seeleute auf deutschen Schiffen und in deutschen Hafenstädten wie Hamburg dar. Hatte es vor 1914 eine spürbare chinesische Präsenz gegeben, insbesondere in der Nähe des Hafens und in St. Pauli, so entwickelte sich doch keine dauerhafte Einwanderung chinesischer Staatsangehöriger. Dies sollte sich erst in den frühen 1920er Jahren ändern.

Das „Chinesenviertel"
in St. Pauli in den 1920er Jahren

Das Ende des Ersten Weltkriegs wälzte die politische Landschaft in Deutschland auf dramatische Weise um. Das Deutsche Kaiserreich brach zusammen und machte nach den Wirren der „Novemberrevolution" der Weimarer Republik Platz, der ersten deutschen Demokratie. Hamburg als Hafenstadt und Handelsmetropole war von dem über vierjährigen Krieg besonders stark betroffen, war der Hafen doch aufgrund der britischen Nordseeblockade von der übrigen Welt abgeschnitten – ein ausgesprochen trostloser Anblick für die Hamburger. Im Versailler Vertrag von 1919 wurde zudem vereinbart, dass ein Großteil der deutschen Handelsflotte abgegeben werden musste, was verständlicherweise gerade in Hamburg zu erheblichen Protesten führte. Trotz der großen politischen und wirtschaftlichen Schwierigkeiten belebte sich der Hafen jedoch allmählich wieder, und die deutschen Reedereien bauten neue Flotten auf, nun mit neu erworbenen und umso moderneren Dampfschiffen.

In den frühen 1920er Jahren wandelte sich auch das deutsch-chinesische Verhältnis. Die deutsche und die chinesische Regierung unterzeichneten im Juli 1921 ein bilaterales Friedensabkommen, da China aus Protest gegen die Überlassung der ehemaligen deutschen Kolonie Kiautschou an Japan nicht dem Versailler Vertrag zugestimmt hatte. Im Auswärtigen Amt in Berlin dachte man an die rund 3000 „China-Deutschen", die vor allem in Shanghai und Hongkong eine nicht ganz unerhebliche Rolle für den deutschen Außenhandel spielten. Im Gesetzestext bestätigten beide Parteien die wirtschaftliche Betätigung ihrer Staatsangehörigen im anderen Land. Bei diesem Passus dachte in Deutschland niemand an eine damit einhergehende chinesische Einwanderung[36] – aber genau dies sollte schon bald in Hamburg geschehen, wie die Hamburger Polizeibehörde feststellte und in zahlreichen Berichten festhielt. „Seit 1919", hieß es in einem solchen Bericht aus der Mitte der 1920er Jahre, „ziehen Chinesen niederen Standes hier in ständig wachsender Zahl zu."[37]

Doch wieso zogen Chinesen zu dieser Zeit gerade nach Hamburg, und woher kamen sie? Aufgrund weiterer Polizeiberichte ist bekannt, dass chinesische Seeleute vor allem aus englischen Hafenstädten wie Liverpool und London nach Hamburg reisten, um hier ein eigenes Geschäft oder Lokal zu erwerben. Offenbar hatte sich herumgesprochen, dass man in Deutschland mit britischen Pfundnoten vergleichsweise vermögend war, schließlich herrschte in Deutschland in jenen Jahren Inflation, welche 1923 ihren „galoppierenden" Höhepunkt erreichte. Das für Ausländer günstige Preisniveau lockte damals auch sehr viele Besucher nach Hamburg und insbesondere nach St. Pauli und in dessen Amüsierbetriebe, weshalb deutsche Beobachter sogar von einer „Fremdenplage" sprachen. Für die chinesischen Seeleute bot sich damit erstmals die Möglichkeit, der körperlich auszehrenden Arbeit als Heizer zu entkommen und wirtschaftlich auf eigenen Beinen zu stehen. Die meisten chinesischen Männer waren dreißig oder vierzig Jahre alt und verfügten trotz ihrer proletarischen oder bäuerlichen Herkunft durchaus über einen wirtschaftlichen Unternehmungsgeist, der unter chinesischen Migranten allgemein sehr ausprägt war und für den es zahlreiche Vorbilder gab. Die Vernetzungen chinesischer Seeleute untereinander boten zudem die Sicherheit persönlicher und familiärer Kontakte, wodurch sich die Orientierung nach der Ankunft deutlich erleichterte. Es gab daher einen fließenden Übergang von dem Status eines Seemannes zu dem eines Migranten, da gerade Seeleute aufgrund ihrer hohen Mobilität zahlreiche Informationen über potentielle wirtschaftliche Chancen erhielten.[38]

Wieso gingen die Seeleute, die meist aus Guangdong stammten, gerade nach St. Pauli? Wer der erste chinesische Pionier in St. Pauli war, ist leider nicht bekannt. Die Gründe für einen chinesischen Seemann, sich hier niederzulassen, liegen jedoch auf der Hand. St. Pauli war eine Mischung aus einem traditionellen Hafen- und einem großstädtischen Vergnügungsviertel. Zahlreiche Seeleute gingen auf ihren Landgängen während ihres damals noch mehrtägigen Aufenthalts im Hafen direkt nach St. Pauli, um sich hier nach langer Zeit auf See abzulenken, zu amüsieren, zu essen, zu trinken und wieder Teil der Gesellschaft der „Landratten" zu werden. Zwar gab es nicht wenige, die dem populären Klischee des Seemanns entsprachen und sich Liebe und Alkohol in möglichst großen Dosen kauften – dies taten aber bei Weitem nicht alle. Dennoch wirkte St. Pauli wie ein großer Magnet auf Seeleute, und so war es für chinesische

Das „Chinesenviertel" in St. Pauli in den 1920er Jahren

Collage von fremdsprachigen Schildern, indischen wie skandinavischen, englischen wie niederländischen, die die internationale und seemännische Prägung St. Paulis unterstreicht; aus Ludwig Jürgens: „Sankt Pauli. Bilder aus einer fröhlichen Welt" (1930).

Das „Chinesenviertel" in St. Pauli in den 1920er Jahren

Chinesisches Lokal in der Schmuckstraße mit einem unbekannten, ins Bild montierten Chinesen (1930). „Chop Suey", Reis mit Gemüsestreifen und geschnetzeltem Fleisch, wurde um 1900 von Chinesen in den USA „erfunden" und entwickelte sich dort schnell zum Inbegriff für chinesisches Essen überhaupt.

Migranten naheliegend, hier ein Geschäft zu eröffnen. Die chinesischen „Shops" in St. Pauli konzentrierten sich auf die kurze Schmuckstraße, zwischen Talstraße und Großer Freiheit gelegen. Hier eröffneten mehrere Lokale, etwa in der Schmuckstraße 9 und 18, die von Fok Kam Sing und Wong Bu betrieben wurden, außerdem ein Tabakladen, mehrere Unterkünfte für chinesische Seeleute und eine Annahmestelle für eine Wäscherei. Weitere Läden eröffneten in der Talstraße, am Pinnasberg und in der Hafenstraße, wo es beispielsweise ein Gemüsegeschäft gab. Die Mehrzahl der Chinesen blieb damit der Welt der Seeleute verbunden, einer Welt, in der sie gerade selber noch auf körperlich anstrengende Weise gearbeitet hatten. Die Konzentration auf St. Pauli bot für chinesische Gäste den großen Vorteil der kurzen Wege. Zudem existierte unter chinesischen Migranten das Muster, in direkter Nachbarschaft zu wohnen und zusammen eine ethnische Kolonie zu gründen, genau wie in den bekannten „Chinatowns" in Nordamerika. Die Chinatown übte in einer „weißen" und im 19. Jahrhundert durchaus feindlichen Umgebung eine Schutzfunktion aus und erhöhte das subjektive Sicherheitsgefühl. Zwar blieb die Anzahl chinesischer Migranten in St. Pauli deutlich hinter der in nordamerikanischen Städten zurück, dennoch entstand auch hier so etwas wie eine Miniatur-Chinatown, die folgerichtig von den Einheimischen alsbald als „Chinesenviertel" bezeichnet wurde.

Das Zentrum dieser kleinen „Kolonie" war die recht düstere Schmuckstraße, die gerade nachts einen großen Kontrast zur hell erleuchteten Großen Freiheit darstellte und deren Schilder mit chinesischen Schriftzeichen umso deutlicher auffielen. Hier existierte ein Heuerbüro eigens für chinesische Seeleute („Chinese seamens employment agency"), das im Auftrag des Norddeutschen Lloyd chinesische Seeleute an- und abmusterte.[39] Ein „dauerndes Kommen und Gehen der Chinesen-Crews deutscher und holländischer Dampfer" herrsche in der Schmuckstraße, notierte Hans Morgenstern 1932 und wies ebenfalls darauf hin, dass chinesische Seeleute zumeist in Gruppen den Weg von ihren Schiffen zu den chinesischen Orten zurücklegten.[40]

Es war jedoch beileibe nicht so, dass die Schmuckstraße ganz in chinesischer Hand gewesen wäre. Ganz im Gegenteil, denn auf-

Chinesische Gäste eines Kellerlokals auf St. Pauli (1920er Jahre). In den chinesischen Lokalen trafen sich chinesische Seeleute, Chinesen aus Hamburg und einige wenige mutige Hamburger, die ihren kulinarischen Horizont erweitern wollten.

Das „Chinesenviertel" in St. Pauli in den 1920er Jahren

Mondäne Zwanziger: Plakat des ebenfalls in der Großen Freiheit gelegenen „Neu-China" (1928). In dem Lokal spielten Bands moderne Tanzmusik wie den damals populären Jazz, Gruppen von Tänzerinnen begleiteten die musikalischen Darbietungen.

Werbekarte „Café und Ballhaus Cheong Shing" (1925) in der Großen Freiheit. Das Café, das im damals noch preußischen Altona direkt an der Grenze zu Hamburg lag, war ein wichtiger Treffpunkt für chinesische Seeleute und Migranten. Argwöhnisch führte die Polizei hier regelmäßig Razzien durch (rechts).

fallend viele chinesische Geschäfte und Lokale lagen im Keller, und in der Straße wohnten wie in der gesamten Gegend Hamburger Hafenarbeiter, Zugewanderte aus dem Umland und andere ausländische Migranten. Dennoch vereinte ein ähnlicher sozialer Hintergrund die Bewohner, allerdings bei sehr unterschiedlicher ethnischer Zugehörigkeit. Chinesische Migranten passten als ehemalige Seeleute gut in dieses hafenstädtische Milieu, sie selbst prägten es zu einem Teil. So soll beispielsweise ein chinesischer Tätowierer in der Schmuckstraße in den 1920er Jahren gearbeitet haben.[41] Leider ist über ihn nur wenig bekannt. Eine Tätowierung war bei ihm für zehn bis zwanzig Reichsmark zu erhalten, vielleicht wirkte die chinesische Herkunft des Tätowierers besonders exotisch und reizvoll auf potentielle Kunden, die sich Motive auf ihre Haut stechen lassen wollten.

Bereits in den 1920er Jahren eröffneten chinesische Migranten Etablissements, die sich nicht nur an chinesische Landsleute, sondern auch direkt an ein deutsches Klientel richteten. Die beiden bekanntesten hießen „Café und Ballhaus Cheong Shing" (Große Mauer) und „Neu-China", beide in der damals noch zu Altona gehörenden Großen Freiheit gelegen. Das erste wurde 1924 gegründet und bot einen Cafébetrieb sowie ein Unterhaltungsangebot samt Tanzkapelle und modischem Jazz. Auch im „Neu-China" waren moderne Klänge zu hören, zudem traten hier

Das „Chinesenviertel" in St. Pauli in den 1920er Jahren

Fok Kam Sing und seine Partnerin und spätere Ehefrau (1929). Fok Kam Sing kam als Seemann in den 1920er Jahren nach Hamburg und betrieb in der Schmuckstraße 9 und später in der Talstraße auf St. Pauli ein eigenes Lokal.

„Chansonetten und Tänzerinnen" auf, die dem chinesischen und anderem Publikum „Nacktheit europäischer Weiblichkeit" zeigte, wie Hans Morgenstern pikiert feststellte.[42] Diese beiden Stätten waren also weniger Orte der chinesischen Kultur als vielmehr einer großstädtischen Moderne; hier trafen westliche Kultur und Mode auf ein ethnisch sehr gemischtes Publikum.

Eine Besonderheit der chinesischen Migration jener Zeit bestand darin, dass sie fast ausnahmslos männlich war. Dies unterstreicht den unplanmäßigen und flüchtigen Charakter der Migration, denn die Chinesen beabsichtigten anfangs nicht, langfristig oder gar für immer in Hamburg zu bleiben. Dennoch sollte bei vielen chinesischen Migranten, insbesondere bei denen, die ein eigenes Geschäft besaßen, genau dies im Laufe der Jahre passieren. Die meisten chinesischen Männer, die mehrere Jahre in Hamburg blieben, lebten mit deutschen Frauen zusammen. Diese deutschchinesischen Paare hatten sich oft in einem der bekannten Treffpunkte kennengelernt. Die deutschen Frauen halfen nun ihren chinesischen Partnern in ihren Geschäften, bei Behördengängen und beim Verfassen von Schriftstücken. Ein solches Paar war der bereits erwähnte Fok Kam Sing und seine Partnerin und spätere Ehefrau, die sich in den 1920er Jahren trafen und bald eine Familie gründeten; ihre drei Kinder leben bis heute in Hamburg. Für die deutschen Frauen waren dies oft Liebesheiraten, für manche sicherlich auch der Weg eines gewissen sozialen Aufstiegs.

Die Existenz der zwanzig bis dreißig Partnerschaften erstaunte allerdings manchen Beobachter. „Der Chinese", stellte Hans Morgenstern in einigen Gesprächen mit diesen Frauen überrascht fest, „wird immer gesagt, entspricht dem weiblichen Ehe-Ideal sehr viel besser als der deutsche Mann."[43] Vielleicht wollten die Frauen Herrn Morgenstern ein wenig ärgern, vielleicht steckte in den Aussagen aber auch viel Wahres, denn chinesische Männer hoben sich vom Arbeitermilieu und dessen Männlichkeitsidealen ab, tranken deutlich weniger Alkohol, galten als ausgesprochen fürsorglich gegenüber ihren Kindern und kochten meist selber sehr gerne, was der einen oder anderen Frau sicherlich gut gefiel.

Die Beschäftigung der vielen Tausend chinesischen Seeleute auf europäischen Handelsschiffen wurde selbst in China damals auf-

Das „Chinesenviertel" in St. Pauli in den 1920er Jahren

merksam registriert. Seeleute spielten in der chinesischen Geschichte keine unbedeutende Rolle, waren sie doch in den 1920er Jahren maßgeblich am Aufstieg der kommunistischen Partei beteiligt. Da sie Ausbeutung am eigenen Leib erfuhren, entwickelten viele von ihnen ein politisches und nationales Bewusstsein, das stark mit dem Zerrbild des „Kulis" kontrastierte. Die Kommunistische Internationale (Komintern) versuchte deshalb, politisch auf chinesische Seeleute einzuwirken und sie für ihre Sache zu gewinnen. Die kommunistische Internationale der Seeleute und Hafenarbeiter (ISH) eröffnete zu diesem Zweck ein weltweites Netz von Internationalen Seemannsclubs, auch Interclubs genannt, die sich in nahezu allen bedeutenden Hafenstädten befanden und in denen Seeleute sich treffen sowie Bücher und Broschüren in ihrer jeweiligen Landessprache lesen konnten. In Hamburg lag der Interclub in der Rothesoodstraße 8 in der Neustadt – ein Zentrum der kommunistischen Agitation.

Die ISH entsandte vermutlich auch den Kommunisten Liao Chengzhi (1908–1983) nach Westeuropa, um hier chinesische Seeleute zu betreuen. Liao hielt sich nachweislich, wenn auch höchst konspirativ, zwischen 1928 und 1932 in Städten wie Hamburg, Rotterdam und Antwerpen auf und arbeitete als Sekretär im Hamburger Interclub. Er unterstützte und initiierte Streikaktionen chinesischer Seeleute und produzierte kommunistische Flugblätter, die die Seeleute zum Widerstand gegen die Arbeitsbedingungen aufriefen und die über die chinesischen Mannschaften leicht auf den Schiffen verteilt werden konnten. Den jeweiligen Behörden war Liao Chengzhi freilich ein unwillkommener Gast, weshalb er 1932 von Hamburg in die Sowjetunion ausgewiesen wurde.⁴⁴ Der Erfolg Liaos war wohl begrenzt, da nicht wenige Seeleute die nationalistische Kuomintang (Zhongguo Kuomintang, Nationale Volkspartei) unterstützten, welche die Kommunisten seit 1927 massiv bekämpfte und in den folgenden Jahren einen erbitterten Bürgerkrieg gegen sie führte.

Doch noch einmal zurück zum „Chinesenviertel". Wie sahen die Reaktionen der Behörden und die Wahrnehmung durch die deutsche Bevölkerung gegenüber den chinesischen Migranten und ihrem Wohnort aus? Trotz des internationalen Charakters von

Der Kommunist Liao Chengzhi (hier 1935 in China) hielt sich zwischen 1928 und 1932 immer wieder in Hamburg auf und organisierte unter anderem Streikaktionen auf britischen Schiffen mit chinesischen Besatzungen.

„Proletarier aller Länder, vereinigt euch" – in Hamburg erstellte chinesische kommunistische Flugschrift, die von der Polizei abgefangen wurde (1932). In dem mehrseitigen Pamphlet werden die Arbeitsbedingungen von chinesischen Seeleuten auf europäischen Dampfschiffen angeprangert (unten).

St. Pauli – ein „Ankerplatz der Freude", wie ein damaliger Werbespruch lautete – und ungeachtet der vielen fremden Seeleute vor Ort erregten die Chinesen einiges Aufsehen.[45] Dies lag zum einen daran, dass sich die chinesischen Migranten auf wenige Straßen beschränkten und chinesische Mannschaften auf Landgang diese Präsenz noch einmal unübersehbar erhöhten. Zum anderen prägten die Vorstellungen und Bilder von Chinesen und von China in der Trivialliteratur und den Massenmedien die Weise, wie chinesische Seeleute und Migranten betrachtet wurden.[46] Im frühen 20. Jahrhundert boomten die Themen Exotik und Fremdheit in Unterhaltungsromanen, chinesische Figuren verkörperten darin zumeist geheimnisvolle Verbrecher, die besonders hinterlistig und grausam zu Werke gingen. Der englische Schriftsteller Sax Rohmer (1883–1959), der eigentlich Arthur Ward hieß und als Journalist arbeitete, veröffentlichte nach 1910 mehrere Bücher, in denen der Bösewicht Dr. Fu Manchu vom Londoner Chinesenviertel in Limehouse aus seinen dunklen Geschäften mit Drogen nachging und weitere Verbrechen verübte.

Auch in Hamburg machte man sich Gedanken über geheimnisvolle Bewohner des „Chinesenviertels". Der Heimatdichter Ludwig Jürgens schrieb in seinem Büchlein „Sankt Pauli. Bilder aus einer fröhlichen Welt" von 1930 dazu: „Haus bei Haus in der Schmuckstraße ist von der gelben Rasse bewohnt, jedes Kellerloch hat über oder neben dem Eingang seine seltsamen Schriftzeichen. Die Fenster sind dicht verhängt, über schmale Lichtritzen huschen Schatten, kein Laut dringt nach außen. Alles trägt den Schleier eines großen Geheimnisses. Geht ein Mensch über die Straße, vielfach mit kurzen, abgehackten Schritten, so ist es ein Chinese, eine Tür klappt irgendwo und er ist verschwunden. Niemand weiß, was diese Menschen unter sich in den Wohnungen treiben." Das Zitat verdeutlicht, wie die Schmuckstraße die Phantasie der Hamburger beflügelte und wie wenig Kontakt zur kleinen Gruppe der Chinesen bestand. Wie das gesamte Land, so galten auch die chinesischen Geschäfte und Treffpunkte als äußerst mysteriös. Das Chinesenviertel wirkte auf viele Hamburger und auswärtige Besucher wie eine winzige Version von China, erschien also in der Tat als ein, wenn auch sehr kleines Stück „China in Hamburg". Nicht zufällig erinnern die meisten Beschreibungen des Chinesenviertels an Reiseberichte, in denen die Erfahrungen mit einer fremden Kultur festgehalten werden.

Die Bezeichnung „Chinesenviertel" suggerierte eine räumliche Inbesitznahme, die angesichts der geringen Zahl chinesischer Migranten kaum der Realität entsprechen konnte. Nichts verdeutlicht dies besser als einige Gerüchte, die in Hamburg kursierten und in denen Kriminalität abermals eine zentrale Rolle spielte. Die Chinesen, so hieß es, hätten ein geheimes Tunnelsystem gegraben, um unerkannt ihre Schmuggelgeschäfte betreiben zu können. Dieses „Schauermärchen" wurde bereits damals von der Presse als Phantasieprodukt bezeichnet. Den wenigen Bewohnern wären wohl kaum so umfangreiche Tiefbauarbeiten möglich gewesen.[47] Zwar fand die Polizei gelegentlich Rauchopium in chinesischen Stätten, da manche chinesische Seeleute gerne diese Droge nahmen und der eine oder andere mit Schmuggelgeschäften seine Heuer aufbesserte. Dieser Schmuggel war allgemein unter Seeleuten verbreitet, da sich viele ausgebeutet fühlten und einen solchen Zusatzverdienst als legitim erachteten.

Bei chinesischen Seeleuten war zudem die „illegale" Migration bedeutsam, denn nach dem Ausschluss chinesischer Arbeitsmigranten in den USA im Jahre 1882 (Chinese Exclusion Act) etablierte sich ein illegales Migrationssystem, in dem Chinesen mit falschen Papieren oder als „blinde Passagiere" auf Schiffen weiterhin ins Land einreisten.[48] In westeuropäischen Hafenstädten und auch in Hamburg lebten Chinesen, die im Hintergrund solche „Schleppergeschäfte" mithilfe chinesischer Mannschaften auf Dampfschiffen organisierten und sehr gut daran verdienten. Ein Beispiel dafür ist Choy Loy, damals in London, Rotterdam und Hamburg zu Hause, der 1934 als Drogenhändler vom Landgericht Hamburg als „Volksschädling" verurteilt wurde.[49] In dem Verfahren, das nach der Machtübernahme der Nazis 1933 nicht mehr nach rechtsstaatlichen Kriterien ablief, gab Choy Loy lediglich zu, Menschen gegen Bezahlung in die USA gebracht zu haben. Insgesamt waren die Vorstellungen gegenüber den Chinesen sehr ambivalent und reichten von der vermuteten Kriminaliät oder geheimen „Opiumhöhlen" bis zur Faszination gegenüber einer

Des Drogenhandels verdächtigt: Choy Loy lebte in den 1920er Jahren in Hamburg, Rotterdam und London; Beweise konnte die Polizei allerdings nicht vorlegen. 1934 gestand Choy in einem Prozess in Hamburg jedoch seine Beteiligung am „Menschenschmuggel". Gegen Geld und unter Mithilfe chinesischer Seeleute brachte er chinesische Migranten illegal in die USA.

„Geheimnisvolle" Schmuckstraße: der Hamburger Schriftsteller Ludwig Jürgens beschrieb die fremde und exotische Atmosphäre der kurzen Schmuckstraße mit ihren chinesischen Lokalen. Vor dem Hintergrund von Gerüchten über „Opiumhöhlen" und geheimen Tunneln vermutete auch Jürgens eine chinesische „Unterwelt" (Faksimile aus seinem Buch „Sankt Pauli", 1930).

Fremde Gäste aus dem Reich der Mitte

Nur selten und mit List gelingt eine solche Aufnahme

Zwei Sekunden später – Flucht vor der Kamera

fremden und unbekannten Kultur. Einheimischen Kindern aus der Nachbarschaft in St. Pauli blieb das „Chinesenviertel" natürlich nicht verborgen, und mehrere Zeitzeugen, die damals auf St. Pauli aufwuchsen, berichteten, dass ihre Eltern ihnen ausdrücklich verboten, „zu den Chinesen zu gehen". Dies machte einen Besuch freilich nur noch reizvoller, und so wurde es für manchen Jungen und für manche Deern zur „Mutprobe", ohne ihre Eltern durch die Schmuckstraße zu spazieren. Hermann Bärthel entwickelte als Junge einen ganz besonders engen Draht zu den Chinesen. Sein Vater betrieb in der Talstraße eine Tanzschule, das „Tanz-Lehr-Institut Bärthel", in dem auch viele chinesische Männer Tanzschritte einstudierten und ganz nebenbei Hamburgerinnen trafen. Da sein Vater sogar einige Sätze auf Kantonesisch sprechen konnte, hatte auch der junge Bärthel (Jahrgang 1932) bei den Chinesen einen Stein im Brett, bewegte sich frei in den verschiedenen chinesischen Gaststätten und wurde aufmerksam mit Tee und chinesischem Kuchen bewirtet.

Studenten und Künstler fühlten sich ebenfalls von der ungewöhnlichen Atmosphäre des Chinesenviertels angezogen. Max Tau, ein Hamburger jüdischer Herkunft, berichtet über seine Studentenzeit im Hamburg der 1920er Jahre und die besondere Anziehungskraft chinesischer Treffpunkte wie dem „Café Cheong Shing": „Das Fremde in der Nähe zog uns an. Viele Abende verbrachten wir im Chinesischen Café. Wir tanzten auch, ohne es zu können. Der Kapellmeister gebärdete sich wie ein Wilder, gebrauchte den Taktstock wie ein Jongleur, agierte wie ein Clown mit den Händen und mit dem Kopf; man wußte nicht, ob man lachen oder weinen sollte."[50] Für Studenten war der Gang nach St. Pauli wie eine kleine Auslandsreise, mit dem großen Vorteil, dass man praktisch nur „um die Ecke" gehen musste. Kein Geringerer als Kurt Tucholsky, bekennender Hamburgliebhaber, feierte 1927 die quasi multikulturelle Atmosphäre in einem chinesischen Lokal (wohl das „Cheong Shing"): „Im chinesischen Restaurant sangen sie beim Tanzen, die ganze Belegschaft, einstimmig und brausend – eine kleine hatte eine Kehle aus Blech – es klang wie aus einer Kindertrompete. Südamerikaner tanzten da und Siamesen und Neger. Die lächelten, wenn die kleinen Mädchen kreischten."[51]

Gelöste Stimmung im „Tanz-Lehr-Institut Bärthel" in der Talstraße in St. Pauli (Ende der 1920er Jahre). Vermittelt wurden neben klassischen Tänzen auch moderne Formen wie der „Charleston". Die Tanzschule diente als Treffpunkt chinesischer Männer und deutscher Frauen.

Seinerzeit existierte bereits schon so etwas wie ein touristisches Interesse an der Schmuckstraße und ihren Bewohnern. Als 1930 der erste „alternative" Hamburgführer erschien, räumte er dem Chinesenviertel einen nicht unerheblichen Platz ein. An einer Stelle heißt es beispielsweise: „Die Große Freiheit zeigt ein bunteres Völkergemisch. Weiße und Farbige drängen sich in der engen Straße, aber besonders sind es Chinesen, die manchem Lokal durch ihre lächelnde Schweigsamkeit einen Stich ins Unheimliche geben. Das Ballhaus Cheong Shing ist der hauptsächliche Treffpunkt der Asiaten und gleichzeitig ein Magnet für Neugierige aus allen Gesellschaftsschichten." Auch der damalige Journalist und spätere Leiter der Staatlichen Pressestelle Erich Lüth berichtete davon in einem kleinen Hamburgführer von 1932. Er spricht von „großen lärmenden Gruppen", die bisweilen die kleinen Lokale der Chinesen stürmen und ihre Gäste damit vertreiben. Seinen Lesern gibt Lüth als kleine Verhaltensregel für einen Besuch in einem chinesischen Lokal auf den Weg: „Man setze sich daher ruhig an den Tisch, schlürfe seinen Tee und lasse Lorgnon und Opernglas, für die die schmucklosen Räume viel zu klein sind, im Hause."[53] Ganz offensichtlich waren die chinesischen Gaststätten in der Großen Freiheit und in der Schmuckstraße eine große Attraktion, zeugten

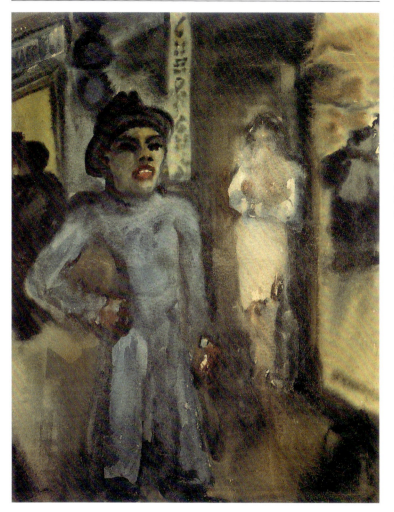

„Chinese im Viertel" (1930), Aquarell von Elfriede Lohse-Wächtler. Die Malerin ließ sich vom Milieu St. Paulis inspirieren und zeigte abseits von Klischees die menschliche Seite der Porträtierten. Sie malte vor allem gesellschaftliche Außenseiter wie „Zigeuner", Prostituierte und in diesem Fall einen chinesischen Mann.

sie doch eindrucksvoll davon, mit dem internationalen St. Pauli und dem weltoffenen Hamburg in einer wahrhaftigen „Welthafenstadt" zu sein.

Einige Künstler machten das Chinesenviertel zum Sujet ihrer Werke. Die Malerin Elfriede Lohse-Wächtler (1899–1940) zog damals von Dresden nach Hamburg und fühlte sich insbesondere von der Atmosphäre St. Paulis inspiriert. In ihren Bildern porträtierte sie zumeist soziale Außenseiter wie Prostituierte, Migranten, Fremde, Zigeuner, und in einem Fall auch einen chinesischen Mann. Das Bild „Chinese im Viertel" entstand 1930 und zeigt eine Straßenszene in St. Pauli, auf der ein chinesischer Mann mit einer Flasche in der Hand vor einem chinesischen Lokal steht.[54] An der Ecke lehnt eine Frau, wahrscheinlich eine Prostituierte. Das Bild porträtiert den chinesischen Migranten abseits der gängigen Klischees und Zuschreibungen. Aufgrund des verschwommenen Charakters des Bildes gelingt es der Malerin, die menschliche Seite eines Chinesen und dessen „Normalität" offenzulegen. Die Tatsache, dass er eine Flasche Alkohol in der Hand hält, lässt ihn als einen von vielen Vergnügungssuchenden in St. Pauli erscheinen, der für einige Momente den Mühen des Arbeitsalltags entfliehen möchte. Die Malerin zeigt damit einen Menschen und weniger einen Fremden, dessen menschliche Schwächen ihn auf St. Pauli in gewisser Weise vertraut erscheinen lassen.

Die Hamburger Polizei sah die Entstehung eines Chinesenviertels mit deutlich anderen Augen. Sie registrierte die chinesische Migration in St. Pauli sehr kritisch und aufmerksam und versuchte vehement, ihr einen Riegel vorzuschieben. Mittels des dehnbaren Begriffs des „lästigen Ausländers" wies die Polizei viele Chinesen aus, da sie ein notorisch kriminelles Milieu bei den chinesischen Migranten beobachtete. Trotz großen polizeilichen Aufwands blieben die Fahndungserfolge jedoch gering, was nahelegt, dass die polizeilichen Vermutungen stark übertrieben waren. So fand man bisweilen das verbotene Opium, 1921 und 1925 ereigneten sich sogar zwei Kriminalfälle mit jeweils einem getöteten Chinesen. Das organisierte Verbrechen agierte jedoch anders und deutlich unauffälliger als die chinesischen Migranten in St. Pauli, wie bereits damals der Journalist Philipp Paneth hervorhob.[55] Der Hamburger Senat drängte die Polizei auf Veranlassung des Auswärtigen Amtes in Berlin, chinesische Staatsangehörige nicht offensichtlich zu diskriminieren.

Dennoch konnte die Hamburger Polizei 1925 eine wesentliche Verschärfung des Hafengesetzes erwirken, die sich direkt gegen die chinesische Einwanderung richtete und sie mittels neuer Regelungen einschränken sollte. So mussten der Hafenpolizei genaue Listen über die jeweilige Identität und auch deren „Rasse" vorgelegt werden, bevor die Personen das Schiff verlassen durften: „In der Liste sind die zur Schiffsbesatzung gehörenden Personen von den sonst noch an Bord befindlichen nichtdeutschen Personen ohne Paß und deutschen Sichtvermerk (Einschleicher, Deportierte, Überarbeiter und Mittellose) getrennt aufzuführen. Farbige sind als solche zu bezeichnen."[56] Damit hatte das Gesetz eine deutlich rassistische Stoßrichtung, die auch aus den vielen überlieferten Polizeiberichten herauszulesen ist, wenn dort beispielsweise die chinesische Migration als „Plage" für die Hafenstadt gebrandmarkt und die chinesischen Stätten zu potentiellen „Krankheitsherden" erklärt werden.[57]

Hygienevorstellungen dienten in den Polizeiberichten, die oftmals von diskriminierenden Passagen durchzogen waren und im Auswärtigen Amt deshalb regelmäßig moniert wurden, als wichtige Gründe für die Ablehnung. In einem anderen Schreiben der Polizeibehörde hieß es, dass es äußerst unerwünscht sei, wenn Chinesen sich hier niederließen, „weil sie sich den hiesigen Lebensgewohnheiten nicht anzupassen vermögen, und weil sie durch ihr unsauberes Verhalten in ihren Behausungen, in welchen sie nicht nur eng zusammengepfercht leben, sondern auch noch die vorübergehend hier aufhältlichen Landsleute beherbergen, in gesundheitlicher Hinsicht eine nicht zu unterschätzende Gefahr für die Großstadt bilden".[58]

Mit Blick auf Klischees wie Unsauberkeit, was auf chinesische Lokale und die Chinesenkeller kaum zutraf, bauschte die Polizei die kleine Gruppe der chinesischen Migranten zur ernsthaften Gefahr für die Hamburger Bevölkerung auf. Vor dem Hintergrund der Choleraepidemie von 1892 verfehlten solche Diffamierungen nicht ihre Wirkung.

Die NS-Zeit und die „Chinesenaktion"

Nach der „Machtergreifung" der Nationalsozialisten am 30. Januar 1933 entstand schrittweise ein Staat, der sich unter anderem Rassismus und Rassenpolitik auf die Fahnen schrieb und im Namen einer viel beschworenen „Volksgemeinschaft" grausame Verbrechen begehen sollte. Wie wirkte sich die NS-Herrschaft auf die kleine chinesische Kolonie in Hamburg aus?

Diese blieb anfangs recht unbehelligt, was vielleicht überraschen mag. Die Nationalsozialisten terrorisierten 1933 vor allem politische Gegner wie Kommunisten, um das „Dritte Reich" überhaupt erst zu stabilisieren. Juden und als solche definierte Menschen standen zudem von Anfang an im Fokus der Nazis, wie es der Boykott jüdischer Geschäfte, Ärzte und Anwälte am 1. April 1933 zeigte. Auch in der Schifffahrt wirkte sich dieser Rassismus aus, die deutschen Reedereien entließen stillschweigend ihre „farbigen Seeleute", da auf sie politischer Druck ausgeübt wurde. Als der chinesische Generalkonsul in Hamburg, Tang, davon erfuhr, schaltete er sich ein, da er eine „rassische" Diskriminierung und ein planmäßiges Vorgehen vermutete und, falls dies zutreffen sollte, mögliche Sanktionen für deutsche Staatsangehörige in China androhte.[59]

In der Tat beschäftigte die Hapag Ende 1933 nur noch 75 Wäscher, alle 300 zuvor angemusterten chinesischen Heizer waren bereits entlassen worden. Der Norddeutsche Lloyd verfügte noch über 120–150 Heizer und 50–60 Wäscher, bei der Woermann-Linie waren es noch genau 29 chinesische Wäscher, die jedoch als „unentbehrlich" galten, da kein deutscher Seemann diese Tätigkeit an Bord ausüben mochte. Die deutschen Reedereien wollten damit in Zeiten hoher Arbeitslosigkeit den neuen Machthabern einen Gefallen tun, sie demonstrierten ihre grundsätzliche Bereitschaft, deutsche Arbeiter gegenüber „Farbigen" zu bevorzugen, ganz wie es die nationalsozialistischen Vorgaben vorsahen.

Gleichwohl zogen in diesen Jahren nach wie vor chinesische Migranten nach Hamburg; einige Chinesen eröffneten sogar neue Lokale, etwa Chong Tin Lam in der Heinestraße, dem heutigen Hamburger Berg, oder am Wilhelmplatz (heute Hans-Albers-Platz). Ab Mitte der 1930er Jahre stellten deutsche Reedereien

Die NS-Zeit und die „Chinesenaktion"

Das Lokal in der Schmuckstraße 18 in einer Aufnahme von Rolf Tietgens aus dem Jahr 1937. Auch während der NS-Zeit existierte das Chinesenviertel weiterhin, teilweise eröffneten Chinesen sogar neue Lokale.

angesichts des nun spürbaren Arbeitermangels wieder „farbige Seeleute" ein, chinesische Seeleute gelangten zudem auf englischen und niederländischen Dampfschiffen in die Stadt, wo sie sich auch für mehrere Tage aufhielten. Dennoch machte sich die NS-Herrschaft allmählich auch für die Chinesen bemerkbar. Mit dem Vierjahresplan von 1936 bereitete sich die NS-Führung ganz gezielt auf einen kommenden Krieg vor, baute die Wehrmacht aus und rüstete diese massiv auf. Da bestimmte Rohstoffe wie Eisenerze für die Rüstungsindustrie mit Devisen im Ausland gekauft werden mussten, verschärfte die Regierung die Devisenbestimmungen drastisch, mit der Folge, dass selbst kleinste Mengen ausländischer Währung unmittelbar bei Banken umzutauschen waren. Die Devisenfahndung entwickelte sich in diesen Jahren zu einem wesentlichen Element der Judenverfolgung, wie der Historiker Frank Bajohr festgestellt hat.[60]

Die Zollfahndungsstelle Hamburg nahm Chinesen zunehmend ins Visier und orientierte sich dabei weniger am normalen behördlichen Vorgehen, sondern wollte bewusst nationalsozialistische Politik durchsetzen. Seit 1936 führten Zollbeamte regelmäßig groß angelegte Razzien in St. Pauli durch, um in den chinesischen Kreisen nach Devisen und anderen verbotenen Dingen zu suchen. Am 13. Oktober 1938 durchkämmten beispielsweise 16 Gestapobeamte zusammen mit einem Oberzollinspektor, verschiedenen Zollinspektoren und fünf Zollsekretären die Schmuckstraße.[61] Chinesische Lokale wie das in der Schmuckstraße 7 – die „Spielhölle Nr. 7", wie die Beamten sie nannten – standen im Mittelpunkt der Untersuchungen. Die Gestapo und die Zollfahndung nahmen insgesamt 69 Chinesen fest und brachten diese ins Gestapohauptquartier im Stadthaus.

Doch auch in diesem Fall fanden die Beamten trotz erheblicher Anstrengungen nur Kleinstmengen an ausländischer Währung, die nicht abgegeben worden waren, sowie einige abgelaufene oder ungültige Papiere. Dies hielt die Zollfahndungsstelle jedoch nicht davon ab, weiterhin intensiv im Chinesenviertel zu ermitteln. Vor allem der Zollinspektor Erich Westphal bauschte die Fälle dermaßen auf, dass alle Chinesen als eine kriminelle Vereinigung erschienen, von denen eine ernsthafte Gefahr für ganz Deutschland ausgehe. Der illegale Devisenhandel unter Chinesen habe einen Umfang angenommen, stellte er 1938 fest, „der geeignet ist, die Devisenlage ernstlich zu gefährden".[62]

Eine weitere Gruppe, die im Blickpunkt der Behörden stand, waren chinesische Klein- und Straßenhändler. Diese reisten seit dem späten 19. Jahrhundert durch ganz Europa und boten Waren wie Porzellan oder andere „chinesisch" anmutende Dinge auf Märkten oder an der Haustür an.[63] Sie stammten aus Qingtian in der Provinz Zhejiang und wurden unter Chinesen deshalb auch als „Händler aus Qingtian" bezeichnet. Da sie einen anderen Dialekt sprachen, hatten die Straßenhändler kaum Kontakte zu den kantonesischen Seeleuten und etablierten deshalb eigene Netzwerke, in denen sie sich untereinander halfen. Diese „Kofferchinesen", wie sie von deutscher Seite auch genannt wurden, erhielten Waren, insbesondere günstiges Porzellan, von chinesischen Importeuren in Hamburg und anderen Großstädten und verkauften diese dann aus ihrem Koffer heraus direkt an die deutschen Kunden. Um sich in einer fremden Umgebung zurechtzufinden, verfügten sie über Adressbücher, in denen die jeweiligen Treffpunkte und Großhändler in den verschiedenen Orten vermerkt waren. Damit sie sich gegenseitig keine zu große Konkurrenz machten, mussten sie sich über das gesamte Land verteilen. Die Mobilität dieser Händler war folglich ausgesprochen hoch. Einige von ihnen durchreisten ganz Europa, von Deutschland bis nach Finnland, nach Südeuropa, nach Osteuropa und so weiter.

Der Hamburger Hafen spielte für diese Händler insofern eine Rolle, da einige in Hongkong oder Shanghai als Kohlenzieher anmusterten, um das Geld für das Ticket zu sparen. Diese „Überarbeiter", wie sie in der Fachsprache hießen, setzten sich erheblichen Risiken aus, da die Tätigkeit eines Trimmers körperlich anstrengend und angesichts der Hitze vor den Kesseln für unerfahrene Arbeiter auch sehr gefährlich war. Der Zollfahndung und der Kriminalpolizei missfiel die Anwesenheit der chinesischen Straßenhändler gerade wegen ihrer Mobilität zutiefst. Man bezeichnete sie als „Ring" und kriminalisierte sie damit, dabei kannten viele einfach die jeweiligen gesetzlichen Bestimmungen vor Ort nicht.[64] Die erhöhte Aufmerksamkeit der Polizei führte 1938 dann zur Einrichtung einer „Zentralstelle für Chinesen" im Reichskriminalpolizeiamt in Berlin, das im September 1939 als Referat V in das Reichssicherheitshauptamt (RSHA) eingegliedert wurde und damit der Schaltzentrale des nationalsozialistischen Terrors angehörte. Der entsprechende Erlass des Reichsinnenministers vom 25. Januar 1938, vom Chef der Sicherheitspolizei und späteren Chef des Reichssicherheitshauptamtes, Reinhard Heydrich, unterzeichnet, basierte auf einer „verstärkte[n] Einwanderung" von Chinesen nach Deutschland, die an mehreren Landesgrenzen wie auch in den Hafenstädten Hamburg und Bremen bemerkbar sei.[65] Um die unerwünschte Anwesenheit chinesischer Kleinhändler zu unterbinden, sollten in Zukunft die gesetzlichen Bestimmungen ihnen gegenüber „besonders scharf" angewendet werden. Schon bei „den geringsten Verstößen" gegen die deutschen Vorschriften habe eine Bestrafung und anschließende Ausweisung zu erfolgen, Verdachtsmomente genügten bereits.

Im Erlass hieß es zudem, dass chinesische Männer, die in Partnerschaften mit deutschen Frauen lebten oder uneheliche Kinder gezeugt hätten, nach „Zurücknahme der Aufenthaltserlaubnis" aus Deutschland auszuweisen seien. Die Rassenpolitik sollte auch gegenüber chinesischen Männern durchgesetzt und Kontakte zu deutschen Frauen unterbunden werden. Dies betraf nachweislich auch Chinesen in Hamburg; so schrieb die Gestapo im September 1938 über die Ermittlungen gegen den chinesischen Gastwirt aus der Schmuckstraße 18 unmissverständlich: „Chung ist angewiesen, in zwei Monaten das Reichsgebiet zu verlassen, weil er mit einer deutschblütigen Frau in wilder Ehe lebt."⁶⁶ Aus außenpolitischer Rücksichtnahme wurde die rassistische Komponente jedoch nicht öffentlich erwähnt und lediglich in den Akten vermerkt.

Eine „Vermischung" von Deutschen und „Farbigen" galt im „Dritten Reich" als unerwünscht. Angesichts der geringen Zahl von Nichteuropäern in Deutschland und möglicher außenpolitischer Komplikationen – die es gerade auch in Ostasien bereits 1933 gegeben hatte – wurde die Gruppe der chinesischen Migranten kein offizielles Ziel der staatlichen Politik. Dennoch fiel selbst die Existenz der rund zwanzig Kinder aus deutsch-chinesischen Partnerschaften auf, sodass sie 1935 sogar Gegenstand einer Studie eines chinesischen Studenten wurden.⁶⁷

Trotz der beginnenden Verfolgung von Chinesen und des Terrors gegenüber Juden, existierte doch auch so etwas wie Normalität im „Dritten Reich". Zumindest sollte sie den ausländischen Besuchern vorgegaukelt werden, weshalb die NS-Führung dem Tourismus eine wichtige politische Funktion zumaß. Hamburg war in diesem Zusammenhang besonders bedeutsam, da viele ausländische Passagiere auf Schiffen ins Land kamen und die Stadt ihnen somit einen ersten Eindruck vom nationalsozialistischen Deutschland lieferte. Neben fünf anderen Städten erhielt Hamburg den Status einer „Führerstadt", sie sollte als das deutsche „Tor zur

Das Kind eines deutsch-chinesischen Paares in der Schmuckstraße (um 1941). Auf St. Pauli lebten rund zehn bis zwanzig solcher „Mischlingskinder", die teilweise heimlich zur Welt gebracht und im Alltag oft gehänselt und benachteiligt wurden.

Welt" den neuen Herrschaftsanspruch des nationalsozialistischen Deutschlands repräsentieren. Das Elbufer zwischen Landungsbrücken und Övelgönne sollte neu bebaut werden. Als wesentliche Elemente waren ein 250 Meter hohes Gauhochhaus und eine gigantische Elbbrücke vorgesehen.

Trotz dieser in Rücksprache mit Hitler geplanten nationalsozialistischen Machtdemonstration wollten die Machthaber den internationalen Charakter Hamburgs als Handelsmetropole und Hafenstadt keineswegs aufgeben. Eher das Gegenteil traf zu. Die Beteiligten beabsichtigten nichts weniger, als St. Pauli zum „Vergnügungszentrum der Welt" auszubauen. Neben einer allgemeinen und sozialen „Säuberung" des Vergnügungsviertels, wobei auch Prostituierte aus der Öffentlichkeit verdrängt wurden, galt es sogar, die internationale Atmosphäre noch zu verstärken. Mitte Juli 1939, und damit nur wenige Wochen vor dem Überfall der Wehrmacht auf Polen, war über die Pläne in der Presse zu lesen: „Zu diesem Zweck denkt man an die Neuerrichtung von türkischen Mokkastuben, amerikanischen Bars, chinesischen und japanischen Restaurants, spanischen und griechischen Weinhäusern, in denen also der Besucher den Eindruck gewinnen soll, daß er in der Tat hier in einer Welthafenstadt ist."[68] Dies mag auf den ersten Blick widersprüchlich erscheinen und kaum mit dem geläufigen Bild der nationalsozialistischen Ideologie einhergehen, war aber angesichts der propagandistischen Funktion des Tourismus und lokaler Standortüberlegungen nachvollziehbar.

Mit dem Beginn des Zweiten Weltkriegs veränderte sich die Situation der in Hamburg lebenden Seeleute und Migranten schlagartig. Wie bereits zuvor im Ersten Weltkrieg beeinträchtigte der Krieg abermals die Seeschifffahrt und machte die Fahrt von Deutschland nach Übersee unmöglich. Damit war das wirtschaftliche Betätigungsfeld der Chinesen direkt betroffen. Im September 1939 saßen 104 chinesische Seeleute von dem Hapag-Dampfer „Lüneburg" und dem Lloyd-Dampfer „Neckar" im Hamburger Hafen fest und wurden vorübergehend auf der ausgebrannten „Reliance" untergebracht. Erst Ende 1939 konnte diese und eine weitere Gruppe von hundert Seeleuten von Bremerhaven über Italien nach China ausreisen.

Während des Krieges verschärften Polizei und Sicherheitsorgane die Überwachung der chinesischen Staatsangehörigen. Ihre Lage spitzte sich weiter zu, auch weil sich das politische Verhältnis zwischen den beiden Ländern verschlechterte. Seit 1938 zeigte die nationalsozialistische Führung eine offen pro-japanische Einstellung, weshalb die chinesische Regierung unter Chiang Kai-shek 1941 die diplomatischen Beziehungen abbrach. Die japanische Armee führte seit 1937 einen Angriffskrieg gegen China und eroberte mit der Mandschurei große Gebiete des Landes. Nach dem japanischen Angriff auf den US-amerikanischen Flottenstützpunkt Pearl Harbor auf Hawaii trat China formal den Alliierten bei und erklärte dem Deutschen Reich dann am 9. Dezember 1941 offiziell den Krieg. Chinesische Staatsangehörige in Deutschland erhielten damit, wie bereits im Ersten Weltkrieg, den Status eines „feindlichen Ausländers".

Unterdessen gelangten weitere chinesische Seeleute nach Hamburg, wenn auch unfreiwillig. Ende 1939 stellten die britischen Behörden rund 20 000 chinesische Seeleute ein, die auf den im Atlantik verkehrenden Handelsschiffen des „Ministry of War Transport" halfen, die Versorgung des Landes sicherzustellen; sie trugen damit beträchtlich zu den Kriegsanstrengungen bei. Die deutsche Kriegsmarine versenkte zu Beginn der 1940er Jahre mehrere britische Schiffe und internierte die chinesischen Crews im Kriegsgefangenenlager der Marine in Westertimke bei Bremen. Das Oberkommando der Marine überstellte im Frühjahr 1942 eine Gruppe von 165 chinesischen Seeleuten zum „Arbeitseinsatz" an das Arbeitsamt Hamburg. Sie kamen bei Landsleuten in St. Pauli unter und wurden größtenteils in Wäschereien in Hamburg und in Bremen eingesetzt.[69]

Der chinesische Seemann Ling Ah Tee hingegen arbeitete als Kellner im chinesischen Restaurant in der Schmuckstraße 7. Anfang 1944 suchte er die örtliche Dienststelle des Roten Kreuzes auf und bat verzweifelt um Hilfe bei seiner Heimreise nach China.[70] „Er hat Frau und Kinder in Schanghai und ist krank vor Heimweh", attestierten ihm die Mitarbeiter, die aber letztlich nichts für ihn bewirken konnten. Die Gruppe der internierten Seeleute hinterließ nur wenige Spuren, einzelne von ihnen gingen in ande-

Chong Tin Lam, einer der 129 Gefangenen der „Chinesenaktion" der Hamburger Gestapo. Die Stationen von Chongs zwölfmonatiger Inhaftierung: Gestapogefängnis Fuhlsbüttel, „Arbeitserziehungslager Wilhelmsburg" und schließlich „Arbeitserziehungslager Nordmark" in Kiel-Hassee.

re Städte wie Flensburg und konnten sich anscheinend relativ frei bewegen.

Auch die chinesisch-deutschen Paare in St. Pauli gerieten während des Krieges zunehmend in den Fokus der Behörden, die nun außenpolitisch keine Rücksicht mehr nehmen mussten. Eine dieser Frauen war Else Lau, die als Kind eines deutschen Seemanns in der Schmuckstraße aufwuchs und Mitte der 1930er Jahre einen chinesischen Seemann kennenlernte. Ihr Vater hatte den chinesischen Kollegen eines Tages zu Kaffee und Kuchen zu sich eingeladen. 1938 gebar sie im Schlafzimmer ihrer Eltern ein Kind, worüber sie auf Anraten ihres Arztes jedoch nicht die Behörden informierte. „Also melden konnten wir unsere Kinder nich'. Es hieß immer: ‚Was wollt ihr mit dem Bastard?'"[71] Während des Krieges verließ sie dann aufgrund des alltäglichen Drucks und der erheblichen Diskriminierung Hamburg: „Also ich bin überall gewesen ... ich war mit mein' Kind nur auf der Flucht."

Für Else Lau stellte sich diese Flucht als Glücksfall dar, denn in der Endphase des Krieges spitzte sich die Lage der Chinesen in Hamburg weiter zu. Mit der Niederlage bei Stalingrad im Januar 1943 erlangten die Alliierten ein deutliches militärisches Übergewicht, mit verheerenden Luftangriffen brachten britische und amerikanische Bomber im Juli 1943 den Krieg nach Hamburg. 34 000 Hamburger verloren ihr Leben im berüchtigten „Feuersturm". Auch chinesische Migranten in St. Pauli wurden ausgebombt.

Am 13. Mai 1944 führte die Gestapo dann die „Chinesenaktion" in St. Pauli durch. Ein Aufgebot von 200 Beamten durchkämmte die chinesischen Treffpunkte und die Straßen des Viertels und verhaftete alle chinesischen Personen. 129 Männer wurden verhaftet und ins Gestapogefängnis Fuhlsbüttel verbracht. Der Leiter des Gestapo-Ausländerreferates (IV 1 c), Albert Schweim, hatte den Gestapobeamten Erich Hanisch mit der Durchführung beauftragt. Hanisch war von 1941 bis 1943 im besetzten Polen gewesen und hatte dort unter anderem Deportationen der jüdischen Bevölkerung organisiert. Die Brutalität dieses überzeugten „Rassekämpfers" sollten auch die verhafteten chinesischen Migranten zu spüren bekommen. Hanisch misshandelte nachweislich persönlich mehrere der Chinesen im „Vernehmungszimmer", das mit

verschiedenen Schlaginstrumenten wie Stahlruten und Gummischläuchen ausgestattet war. Die Gestapobeamten warfen den Chinesen offiziell „Feindbegünstigung" vor, da einige in Westertimke internierte chinesische Seeleute über die Türkei wieder in britische Dienste eingetreten sein sollen. Dennoch war dieser pauschale Vorwurf gegenüber der Gruppe der Chinesen absurd.
Hanisch und seine Mitarbeiter drangsalierten auch die deutschen Freundinnen chinesischer Männer. Eva Müller war die Freundin von Woo Lie Kien und arbeitete seit 1937 in seinem Lokal in der Schmuckstraße. Sie musste dort die Verschleppung ihres Partners miterleben und sagte nach dem Krieg aus, Hanisch habe Woo „buchstaeblich zu Tode gepruegelt"[72]. Auch ihr Leben sei wegen der Partnerschaft mit dem Chinesen „verwirkt", sagte Hanisch zu ihr.[73] Frau Müller wurde daraufhin in „Schutzhaft" genommen – auf dem an sie ausgehändigten Schutzhaftbefehl stand ihrer Erinnerung zufolge, sie gefährde „die Sicherheit des deutschen Volkes". Den chinesischen Gastwirten wurden zudem Vorräte und Wertgegenstände geraubt, einige Chinesen mussten auf Druck ihre Lokale weit unter Wert verkaufen. Während einige chinesische Inhaftierte im Laufe des Jahres 1944 entlassen wurden, überstellte Hanisch im Herbst 1944 eine Gruppe von 60 bis 80 Chinesen in das „Arbeitserziehungslager Wilhelmsburg".
Die Arbeitserziehungslager, wie sie beschönigend hießen, unterstanden direkt der Gestapo und sollten die vielen ausländischen Zwangsarbeiterinnen und Zwangsarbeiter gezielt einschüchtern. Die Haftzeit war eigentlich auf 56 Tage beschränkt, wurde jedoch oft, wie auch im Fall der Chinesen, weit überschritten. Die chinesischen Inhaftierten mussten in Wilhelmsburg unter katastrophalen Bedingungen schwere körperliche Zwangsarbeit leisten. Chin Kuei Hsien, der nach dem 13. Mai elf Wochen in Fuhlsbüttel und danach 17 Wochen in Wilhelmsburg festgehalten wurde, beschrieb den harten Arbeitsalltag folgendermaßen: „Wir mußten um 5 Uhr aufstehen, tranken unseren Kaffee und waren dann auf Appell. Wir mußten ungef. eine Stunde auf dem Platz stehen. Um 7 Uhr fing die Arbeit an. Wir arbeiteten in einer Fabrik in WILHELMSBURG. Es war eine Oel Raffinerie, die bombt war und wo wir den Schutt beseitigen mußten." Auch im Lager gehörte körperliche Gewalt

Die NS-Zeit und die „Chinesenaktion"

Der Sozialdemokrat Max Brauer, Oberbürgermeister in Altona in den 1920er Jahren (Foto 1927) und ab 1946 Erster Bürgermeister Hamburgs, floh 1933 nach China.

Zuflucht Shanghai: Die chinesische Hafenstadt war nach 1938 eine der letzten Zufluchtstätten für viele deutsche und europäische Juden. Das Foto entstand vor 1945 (rechts).

zur Tagesordnung. Die Inhaftierten mussten regelmäßig „Sport" machen oder „Zirkus" veranstalten, wie es die Aufseher zynisch nannten, dabei wurden sie gezielt geschlagen. Von den Chinesen starben insgesamt 17 Personen, wie eine britische Untersuchung in der unmittelbaren Nachkriegszeit herausfand.[74] Erich Hanisch entzog sich seiner Strafe, indem er sich am 23. Juni 1948 im britischen Internierungslager Neuengamme erhängte. An diesem Tag sollte er an die polnischen Behörden übergeben werden.

Selbst in China war die nationalsozialistische Verfolgung von politischen Gegnern und Juden sichtbar. Nach der Machtübernahme der Nationalsozialisten flüchteten einige Sozialdemokraten wie Max Brauer, ehemaliger Altonaer und späterer Hamburger Bürgermeister, nach China, wo er in der Provinz Kiangsi nahe Shanghai bis zum Herbst 1934 die chinesische Regierung in Verwaltungsangelegenheiten beriet.[75] Shanghai war während des Krieges auch eine der letzten noch zugänglichen Zufluchtstätten für Verfolgte des Naziregimes und aus Deutschland vertriebene Juden. Rund 20 000 Juden konnten bis 1941 aus Europa nach Shanghai fliehen, wo sie nicht selten einen Kulturschock erlitten. In China spürten viele von ihnen sehr schmerzlich, dass sie Deutsche waren und sich als Deutsche fühlten.[76]

Wie widersprüchlich Geschichte bisweilen sein kann, illustriert der bekannte Film „Große Freiheit Nr. 7" von Helmut Käutner

(1943/44) – bis heute *der* Hamburgfilm schlechthin.77 Hans Albers alias Hannes Kröger spielt hier einen gescheiterten und alkoholkranken Hamburger Seemann, der sich nun als „Landratte" auf St. Pauli, dessen Kulisse aufgrund des Bombenkriegs in Prag nachgestellt wurde, als „singender Seemann" verdingt.78 Kröger trifft in einer längeren Szene in einem chinesischen Lokal namens „Shanghai" in der Großen Freiheit einen Bekannten und fasst hier den Entschluss, alles hinter sich zu lassen und wieder zur See zu fahren. Das chinesische Restaurant und der chinesische Kellner symbolisieren die Internationalität der Seefahrt und sollen Krögers Fernweh visuell verstärken.

Während der Film produziert wurde, forcierte die Hamburger Gestapo die Verfolgung der Chinesen, die neben ihrer „Rasse" auch aufgrund ihrer sozialen Herkunft aus der Arbeiterklasse und bäuerlichen Milieus diskriminiert wurden. Chinesische Staatsangehörige in Berlin wurden aufgrund ihrer meist bürgerlichen Herkunft bei Weitem nicht so bedrängt wie die Seeleute in Hamburg. Für die nationalsozialistische Verfolgung wirkte es sich folglich verhängnisvoll aus, dass sich die Chinesen alle in St. Pauli aufhielten, einem Stadtteil, der seit dem frühen 20. Jahrhundert als eine Hochburg der Kriminalität und als eines der ausgeprägtesten „Verbrecherviertel" Europas galt.79

Mit dem gewaltsamen Vorgehen beendete die Gestapo das Kapitel des „Chinesenviertels" in Hamburg. Die „Chinesenaktion" belegt, dass nationalsozialistische Täter die Initiative von sich aus ergreifen konnten und nicht nur auf Befehle reagierten. Nach den traumatischen Erlebnissen kehrten die meisten chinesischen Überlebenden nach Kriegsende nach China zurück, lediglich eine Gruppe von dreißig chinesischen Männern verblieb in der Stadt und hoffte auf wirtschaftlich bessere Zeiten. Fast alle von ihnen beantragten in der Nachkriegszeit eine Wiedergutmachung für die nationalsozialistische Verfolgung.80 Dies war per Gesetz aber nur für diejenigen möglich, die aus politischen, „rassischen" oder religiösen Gründen verfolgt worden waren. Das Amt für Wiedergutmachung erkannte in der „Chinesenaktion" jedoch keine „rassische" Verfolgung: „Die Inhaftierung wegen des Verdachts krimineller Vergehen und der Feindbegünstigung ist aber eine in allen

Kulturstaaten gerechtfertigte Massnahme und keine nationalsozialistische Verfolgung." Damit übernahmen die angerufenen Gerichte die vorgeschobene Begründung der Gestapo und rechtfertigten im Nachhinein abermals die Vorwürfe einer kriminellen Betätigung der Chinesen. Nach der erlittenen Verfolgung wirkte diese offizielle Ablehnung für die Betroffenen wie ein erneuter Schlag ins Gesicht.

In dem als Präzedenzfall angesehenen Verfahren von Chin Kuei Hsien beharrte dieser auf der Anerkennung der Verfolgung: „Ich habe in Deutschland gelebt und bin hier nie mit den Gesetzen in Konflikt gekommen. Ich habe alles das getan, was die Behörden von mir verlangt haben [...] Wenn ich dann im Mai 1944 plötzlich verhaftet worden bin, so kann das einen anderen Grund als einen rassischen Grund nicht gehabt haben."[81] Die juristischen Auseinandersetzungen zogen sich über zehn Jahre hin, und die verschiedenen Gerichte holten auch die Einschätzung ehemaliger nationalsozialistischer Täter wie Josef Kreuzer, Leiter der Hamburger Staatspolizeistelle 1942–1944, ein, die aus durchaus eigennützigen Gründen eine „rassische" Verfolgung der Chinesen verneinten.

In verschiedenen Schriftstücken an Hamburger Behörden wird deutlich, wie sehr die Einschätzung der Gerichte die verfolgten Chinesen in ihrer Würde verletzte. Ein chinesischer Verfolgter schrieb beispielsweise: „Seit 1937 lebe ich hier in Deutschland und habe mir während dieser ganzen Zeit nichts zu schulden kommen lassen. Ich arbeitete damals bei der Hapag in der Wäscherei. Am 13. Mai 1944 wurde ich mit vielen meiner Landsleute und auch Andere anderer Nationen auf St. Pauli Talstraße festgenommen. Auf Grund unserer Verhöre in Fuhlsbüttel wurden wir nach Spionage, Parteizugehörigkeit ausgefragt. Warum? Ich hatte doch mit allem nichts zu tun gehabt. Warum hat man mich geschlagen, mißhandelt, beleidigt? Warum hat man mir während der Haftzeit meine Sachen und mein Eigentum entwendet?"[82]

Der Konsul der Chinesischen Republik, Hsueh Wei-yuan, versuchte Anfang des Jahres 1950 auf die hamburgischen Behörden einzuwirken, damit diese die Verfolgung der chinesischen Staatsangehörigen während des Nationalsozialismus anerkannten.[83]

Hsueh betonte insbesondere den Umstand, dass es sich nicht um Einzelfälle, sondern um „sogenannte Aktionen" gehandelt habe, bei denen im Mai 1944 die gesamte chinesische Kolonie Hamburgs verhaftet worden sei. Doch trotz aller Bemühungen blieben das Wiedergutmachungsamt und die Gerichte bei ihrer ablehnenden Haltung.
Für die in Hamburg verbliebenen Chinesen hatte sich die politische Lage zudem deutlich verändert, nachdem Mao Zedong am 10. Oktober 1949 die Volksrepublik China (*Zhonghua Renmin Gongheguo*) ausrief. Im darauffolgenden Jahr entstand die Chinesische Republik in Taiwan, wohin sich die „Nationalchinesen" unter Chiang Kai-shek geflüchtet hatten. Damit war der jahrzehntelange Bürgerkrieg in China zwar beendet, es entwickelte sich jedoch wie in Deutschland in der Folge ein Kalter Krieg, der auch auf die Situation chinesischer Migranten in Europa Auswirkungen haben sollte. Einige chinesische Männer empfanden sich in dieser Zeit als „Displaced Persons", wie die vielen ehemaligen KZ-Gefangenen und Zwangsarbeiter aus Osteuropa genannt wurden, die nicht wieder in ihre Heimat zurückkehren wollten oder konnten.[84] Noch in den frühen 1950er Jahren waren die wirtschaftlichen Aussichten für die chinesischen Migranten in Hamburg nur sehr schwer einzuschätzen. Erst mit der allmählichen Konsolidierung und dem Wirtschaftswunder änderte sich dies.

Der Boom der China-Restaurants in der Nachkriegszeit

Bereits nach 1920 existierten chinesische Lokale in Hamburg, die vor allem die in der Stadt befindlichen chinesischen Seeleute als Gäste bewirteten. Über diese Gaststätten ist nur sehr wenig bekannt, da keine Werbematerialien und kaum zeitgenössische Berichte überliefert sind. In der Großen Freiheit gab es seinerzeit eine Speisewirtschaft, die einem Zeitungsbericht zufolge „die unglaublichsten chinesischen Gerichte" angeboten hat.[85] Da die meisten Seeleute und Migranten aus Südchina kamen, war damit wahrscheinlich die kantonesische Küche gemeint mit ihren als besonders „exotisch" anmutenden Zutaten wie beispielsweise Haifischflossen oder Vogelnester. Angesichts der Größe Chinas war und ist „die" chinesische Küche regional sehr verschieden, weshalb zumeist nach den vier Himmelsrichtungen oder nach der jeweiligen Provinz klassifiziert wird.

Die Betreiber chinesischer Restaurants in Europa profitierten von den regelmäßigen Schiffsverbindungen und ließen sich haltbare Zutaten wie Gewürze und getrocknete Lebensmittel von Seeleuten aus China mitbringen. Zwar mussten sie frische Lebensmittel wie Gemüse und Fleisch vor Ort kaufen, jedoch waren die Gerichte vergleichsweise authentisch, schließlich aßen ja vornehmlich Landsleute in den Lokalen. Dennoch fanden auch damals schon einige Hamburger den Zugang zur chinesischen Küche. Im St. Pauli der Zwischenkriegszeit lebte eine Frau mit dem Spitznamen „Chinesen-Else", die regelmäßig chinesisch aß und mit Stäbchen umgehen konnte, was unter Deutschen damals noch sehr ungewöhnlich war.

Einige chinesische Lokale wollten schon damals vor allem eine deutsche Klientel ansprechen. Hier ist vor allem das „Peking" zu nennen, welches nicht in St. Pauli, sondern in der Fuhlentwiete in der Hamburger Innenstadt lag. Eine Annonce in einem Stadtführer von 1922 bewarb dieses Lokal nicht ganz unbescheiden als „First and Only Chinese Restaurant in Germany". Dass es ausgesprochen modern war, zeigte sich auch daran, dass dort der sehr populäre Jazz gespielt wurde, die angesagte Tanzmusik jener Zeit. Über das „Peking" ist darüber hinaus leider kaum etwas in Erfahrung zu bringen, offenbar musste es sehr schnell wieder seine Pforten schließen, zumindest wird es später nicht weiter erwähnt. Das

Anzeige des Restaurants „Peking" in einem populären Hamburgführer des Fremdenverkehrsvereins (1922). Das in der Innenstadt gelegene Lokal existierte nur kurz.

„Peking" entsprach einer allgemeinen Entwicklung in Europa. In den frühen 1920er Jahren eröffneten nicht nur in Metropolen wie London, Paris, Berlin, sondern auch in Hafenstädten wie Hamburg chinesische Restaurants. Sie zählten sowohl chinesische Migranten (beispielsweise chinesische Studenten), aber auch schon erste wagemutige Europäer zu ihren Gästen. Das maßgebliche Gericht zu dieser Zeit war Chop Suey (auf Kantonesisch *tsap seui*, „gemischte Reste"), das sich zum Inbegriff chinesischer Küche entwickelte. Die Geschichte dieses Gerichts ist sehr aufschlussreich, da es nicht aus Südchina stammt, sondern der Überlieferung nach Ende des 19. Jahrhunderts von chinesischen Migranten in den Vereinigten Staaten kreiert wurde.[86] Von dort brachten es chinesische Seeleute und Migranten nach Europa, in dem Wissen, dass dieses Gericht bereits „weißen" Amerikanern zugesagt hatte – dazu gehörten in New York City interessanterweise auffallend viele Juden. Das Erfolgsrezept von Chop Suey bestand darin, dass es die kulinarische Fremdheit verringerte und damit der westlichen Kundschaft einen Zugang zum chinesischen Essen eröffnete, der angesichts der Exotik der kantonesischen

Küche sonst sicherlich schwierig gewesen wäre. Das Gericht Chop Suey veranschaulicht, dass eine jeweilige Küche nicht ausnahmslos regional oder national ist, sondern verschiedene Einflüsse im Laufe der Zeit aufnimmt, die die Frage nach einem „authentischen" Charakter von Speisen bisweilen überflüssig erscheinen lassen.
Für chinesische Seeleute und Migranten spielte hingegen gerade die Echtheit chinesischer Gerichte eine große Rolle, insbesondere in der Fremde. Den vielen Seeleuten auf europäischen Dampfschiffen eröffneten die einfachen chinesischen Lokale in Rotterdam, Liverpool, London und eben auch in Hamburg jedenfalls so etwas wie eine kulinarische Heimat. Der Journalist Philipp Paneth schrieb diesbezüglich über die Seeleute in der Schmuckstraße: „Diese armen Kreaturen hier jedoch sind froh, wenn sie einmal ihr Heimatgericht verabreicht bekommen, an das sie von Kindheit auf gewöhnt sind."[87]
Die Nachfrage nach chinesischer Küche hielt auch in den 1930er Jahren an, und neue Lokale wurden in der Heinestraße (Hamburger Berg) oder am Wilhelmplatz (Hans-Albers-Platz) eröffnet. In ihnen konnten chinesische Besucher Landsleute treffen, ebenso gingen die chinesischen Seeleute sofort hierhin, nachdem ihr Schiff in den Hamburger Hafen eingelaufen war. Inmitten der fremden Umgebung westeuropäischer Großstädte schuf dies das flüchtige Gefühl einer sprachlichen und kulturellen Vertrautheit. Das Essen war für die Lebenswelt von Migranten allgemein sehr wichtig. Die jeweilige Nahrung konnte durchaus so etwas wie eine allmähliche Anpassung an eine neue Gesellschaft widerspiegeln, sie konnte aber auch wie bei den Seeleuten heimatliche Gefühle wecken.
Die wenigen chinesischen Migranten, die wie erwähnt in der frühen Nachkriegszeit in Hamburg verblieben, ahnten sicherlich nicht, dass China-Restaurants alsbald *die* wirtschaftliche Basis für sie schlechthin darstellen sollten. Um 1950 existierten fünf chinesische Lokale, fast alle auf St. Pauli, wie etwa das „Ho Ping" in der Davidstraße. Zu dieser Zeit blieben diese Lokale eng mit dem Hafenbetrieb verbunden und profitierten nach wie vor von den in die Stadt kommenden Seeleuten. Über das „Kanton" am Wilhelmplatz hieß es in einem Artikel beispielsweise: „Kommt ein

Der Boom der China-Restaurants in der Nachkriegszeit

Das „Ho Ping" in der Davidstraße (1956). Das „Friedens"-Restaurant eines Überlebenden der „Chinesenaktion" erinnerte an die Verfolgung von Chinesen im nationalsozialistischen Hamburg. Das Lokal hatte bis spät in die Nacht geöffnet und bot die Speisen auch außer Haus an.

großes Schiff in den Hafen, dann ist was los im ‚Kanton'. Die Dollars sitzen hier genauso locker, wie in den Chinesenkneipen von Frisko oder Marseille."[88]

Im großen Gegensatz zu den vorangegangenen Jahrzehnten galten die chinesischen Migranten und ihre Lokale nun auf einmal nicht mehr als grundsätzlich kriminell, sondern wurden in der veröffentlichten Meinung auffallend positiv dargestellt. Die chinesische Präsenz in St. Pauli erschien nun als Bereicherung, als ein willkommenes Zeichen, dass sich Hamburg nach der NS-Herrschaft und dem Bombenkrieg wieder normalisiere und wieder „international" werde, wie es dem Charakter der bedeutenden Hafenstadt entspreche. Die Presse taufte das ehemalige Chinesenviertel, von dem eigentlich nur einige Gaststätten übrig geblieben waren, nun „Klein-Shanghai" und porträtierte die chinesischen Betreiber einiger Lokale, etwa Wang Ah Moo und sein „Ho Ping", Chong Tin Lams „Hongkong-Bar" oder Wang Bus Lokal in der Talstraße.[89] Zu dieser Zeit ging es an diesen Orten noch sehr beschaulich zu, wovon auch Zeitzeugen berichten. So speisten einige chinesische Inhaber teilweise gemeinsam mit den wenigen deutschen Gästen und freuten sich ausdrücklich über deren Anwesenheit.

In den 1950er Jahren begann sich die Lage für chinesische Gastronomen in der Bundesrepublik langsam zu verbessern. Zwar zog sich der Wiederaufbau deutscher Städte bis in die 1960er Jahre hin, doch setzte nun ein wirtschaftlicher Boom ein, das sogenannte Wirtschaftswunder. Neue Ernährungsweisen spiegelten die wirtschaftliche Prosperität wider, zum Beispiel echter Bohnenkaffee oder „gute" Butter.[90] Viele Westdeutsche machten jetzt nicht nur die Erfahrung erster Auslandsbesuche, auch kulinarisch wollten sie Neuland betreten. Neben der italienischen Küche mit ihren an den deutschen Geschmack angepassten Nudelgerichten, bediente nun insbesondere die chinesische Küche die neuen kulinarischen Gelüste der bundesdeutschen Bevölkerung, vor allem in den Großstädten. 1961 titelte eine westdeutsche Zeitung gar, chinesische Küche werde „modern" und die Deutschen stünden nicht mehr nur auf einem (Eis-)Bein.[91]

Was war geschehen, wieso goutierte eine wachsende Zahl von Westdeutschen „chinesisches" Essen? Chinesische Gerichte erschienen als besonders fremd und waren gerade deshalb so aufregend; die Küche entstammte einem in aller Regel vollkommen unbekannten Land mit einer erstaunlich alten Kultur. Um einen gewissen Erfolg zu erzielen, passten die chinesischen Köche die Speisen an den Geschmack des Durchschnittsbürgers an, indem sie etwa das Gemüse länger garen ließen und nicht ganz so bissfest servierten oder vergleichsweise viel Soße beigaben, damit die Hamburger das Essen nicht als „dröge" empfanden. Positiv fiel den Deutschen zudem auf, dass die Portionen vergleichsweise groß waren und das Essen von daher recht preisgünstig schien.

In einer Reportage über das Hamburger Nachtleben schrieb der Verfasser über das „Ningpo" in der Schmuckstraße: „Ich sah aber auch Leute, die hierher gekommen waren, um preiswert und gut zu essen. Sie bestellen aus der reichen Auswahl meistens Reisgerichte. Man kann nämlich wirklich in den chinesischen Restaurants gut und billig essen. In der Schmuckstraße zum Beispiel beobachtete ich viele Rentner und so gut wie keine Chinesen."[92] Einige Wirte hatten zudem eine soziale Ader und gaben Mahlzeiten teilweise auch zu niedrigeren Preisen aus.

Doch dies war nur eine Seite des Booms der China-Restaurants. In den 1950er Jahren eröffneten auch die ersten eher hochpreisigen Lokale, die eine eher bürgerliche Kundschaft ansprechen wollten. Zu diesem Zeitpunkt kochten meist Köche, die keine professionelle Ausbildung durchlaufen, sondern zuvor andere Tätigkeiten wie die des Seemanns oder Händlers verrichtet hatten. Während viele Restaurants mithilfe von Familienangehörigen betrieben wurden, verbesserte die Anstellung ausgebildeter Köche nun schrittweise das kulinarische Niveau.

Besonders stilbildend in Hamburg sollte das „Tunhuang" werden, welches 1956 in der Straße An der Alster eröffnet wurde und das wenig später eine Filiale in den Colonnaden in der Hamburger Innenstadt erhielt. Das „Tunhuang" wurde gemeinsam von zwei Geschäftspartnern betrieben, Kao Guang-Shi und Gerd Paustian, deren biographischer Hintergrund interessant ist. Wie es die Namen bereits offenbaren, handelte es sich um einen Chinesen und einen Deutschen, wobei Ersterer in Hongkong aufgewachsen war und eine westliche Erziehung genossen hatte. Beide stellten

Der Boom der China-Restaurants in der Nachkriegszeit

Annonce des „Tunhuang" im englischen Stadtführer „Hamburg. What You Need To Know" (1957).

Blick in das vornehme „Tunhuang" in den Colonnaden (1956). Das Lokal, das eine Filiale an der Alster hatte, wurde gemeinsam von einem Deutschen und einem Chinesen geleitet und stellte erstmals professionell ausgebildete Köche ein (links).

somit nicht „typische" Betreiber eines China-Restaurants jener Zeit dar. Hier hatten sich zwei Unternehmer zusammengetan, die das wirtschaftliche Potenzial der gehobenen chinesischen Gastronomie erkannten. Selbstbewusst wurde das Essen im „Tunhuang" als „The best in original chinese foods" am Orte angepriesen, das von „famous Hongkong cooks" zubereitet werde.[93] Die ersten beiden Köche kamen aus Yangzhou in der Provinz Jiangsu, einer für ihre Kochkunst berühmten Gegend, sie hatten dort auf einer Kochschule ihre Fähigkeiten erlernt.[94]

Neben der kulinarischen Qualität setzten die Betreiber auf eine beeindruckende Inneneinrichtung, die den Restaurantbesuch zu einem Gesamterlebnis machen sollte. Über die Filiale an der Alster hieß es beispielsweise in einem kulinarischen Stadtführer: „Wenn wir *Tunhuang an der Alster* empfehlen, dann aus dem Grunde, weil sich dort eine vorzügliche Küche mit einem gewissen Service, einer gefälligen Aufmachung und einer sehr hübschen Lage verbinden."[95] Die Betreiber wollten eine durch und durch „chinesische" Atmosphäre in ihrem Lokal erzeugen, welche die positiven Seiten der chinesischen Kultur vor Augen führen sollte.

Anlässlich der Eröffnung 1953, die bereits im Vorfeld als eine „kleine Sehenswürdigkeit" apostrophiert wurde, schrieb die „Bild-Zeitung": „Mit schwarzem Samt ist an der Alster ein chinesischer Pavillon ausgeschlagen, der neben Gebetstrommeln, Wasserpfeifen, mit Drachen bemalten Vasen mit erlesenen chinesischen Kostbarkeiten ausgestattet ist. Auf Schilfgeflecht ist das Abbild einer mehrere Jahrhunderte alten Hofdame gemalt, und eineinhalb tausend Jahre ist die herrliche Vase aus der Tang-Dynastie."[96] Abseits des erstrebten wirtschaftlichen Erfolgs bemühten sich die Betreiber, den Hamburgern die hohe Qualität chinesischer Küche, gleichzeitig aber auch ein positives Chinabild zu vermitteln, das sich deutlich von früheren Zeiten abgrenzen sollte. Dass ein Deutscher Teilhaber war, vereinfachte die Inszenierung des Lokals für die deutsche Kundschaft. Die beiden Restaurants wurden jedenfalls sehr schnell erfolgreich und zu Anziehungspunkten für in Hamburg ansässige Chinesen sowie deutsche Gäste aus dem bürgerlichen Milieu. Zudem profitierten sie von den vielen Konsulaten in Hamburg und deren Angestellten, wel-

Das Gericht „Peking-Ente" aus dem Kochbuch des „Tunhuang" (1960). Der große Erfolg der China-Restaurants in Hamburg war nur möglich, weil die chinesischen Köche die Gerichte an den Geschmack der Einheimischen anpassten und das Essen äußerst preiswert war.

che ihre internationale Atmosphäre zu schätzen wussten. Nicht ohne Stolz verwiesen die Betreiber gegenüber den Hamburger Behörden gelegentlich darauf, dass das „Tunhuang" ein wichtiger Anlaufpunkt für diplomatische Kreise sei.

Seit den späten 1950er Jahren eröffneten regelmäßig neue China-Restaurants. Neben dem Schwerpunkt auf St. Pauli lagen diese nun zumeist in der Hamburger Innenstadt und zeigten bereits mit dieser Standortwahl, dass nun vor allem deutsche Kunden angesprochen werden sollten. In der Presse erschienen viele Berichte über die neu eröffneten Lokale, sie betonten die kulinarischen Reize der chinesischen Küche. Die Journalisten bauten den Leserinnen und Lesern regelrecht Brücken, um sie für einen Besuch zu begeistern. Anlässlich der Neueröffnung eines Restaurants in der Innenstadt hieß es bezüglich der Schwierigkeit, ein passendes Gericht aus der oftmals umfangreichen Speisekarte auszuwählen: „Fragen Sie die blonde Frau Tchang – sie stammt aus Hannover und hat ihren Dr. med. gemacht."[97]

Die China-Restaurants trafen ganz offensichtlich den Puls der Zeit und passten zu dem sich verändernden Lebensgefühl im wirtschaftlich florierenden Nachkriegsdeutschland. Im Organ des Hamburger Gaststättengewerbes „Das Gasthaus", das sich ansonsten gegenüber den vielen neuen „ausländischen Spezialitä-

Das China-Restaurant „King" auf der Reeperbahn (1960er Jahre). St. Pauli bildete auch in der Nachkriegszeit einen Schwerpunkt der chinesischen Gastronomie.

tenrestaurants" dezent zurückhielt, war zu lesen: „,Original China-Restaurants' sind gegenwärtig große Mode. So ein Tapetenwechsel hat seine Reize. Keine Angst vor den Hieroglyphen der Speisekarten, es steht auf gut Deutsch daneben, was man Ihnen anbieten will."98 Auch später entstanden weitere China-Restaurants wie das „King", das „Peking" und das „Mandarin" auf der Reeperbahn, nun setzte ein regelrechter Boom der chinesischen Gastronomie ein. Mitte der 1960er Jahre existierten schätzungsweise rund dreißig Restaurants, deren genaue Zahl nicht zu ermitteln ist. Ein populärer Stadtführer aus dem Jahr 1968 listete 23 China-Restaurants auf, die damit mit Abstand die größte Gruppe ausländischer Restaurants in Hamburg bildeten.99

Die Namen von China-Restaurants waren nicht unwichtig. Sie sollten auf den ersten Blick als chinesisch erkennbar und dennoch der deutschen Kundschaft ein Begriff sein. Deshalb wählten die meisten bekannte Städtenamen wie Kanton, Hongkong, Peking, selbst ein Lokal namens Tsingtao existierte auf St. Pauli, benannt nach der früheren deutschen Kolonie in Nordchina. Eine andere Gruppe von Lokalen war nach den jeweiligen Familiennamen benannt, zum Beispiel King oder Tchang.

Bis zur Mitte des 20. Jahrhunderts sprach man von chinesischen Lokalen, Speisewirtschaften oder Restaurants, der Begriff „China-Restaurant" breitete sich vermutlich um 1950 aus. Ähnlich wie beim Wort „Chinatown" sollte „China-Restaurant" auf das Gesamterlebnis eines Besuchs in einem solchen Lokal hinweisen, das sich keineswegs auf Kulinarisches beschränkte, sondern auch die Inneneinrichtung und das chinesische Personal einschloss. „China-Restaurant" war insofern eine treffende Bezeichnung, als hier ein – wenn auch inszeniertes – China in Miniaturform präsentiert wurde. Diese Erwartungshaltung der deutschen Kundschaft machten sich nicht wenige chinesische Gastronomen zu eigen, wie es denn auch allgemein dem Trend und der Bewilligungspraxis der Behörden insbesondere in den 1960er Jahren entsprach, eine Küche anzubieten, die ethnisch leicht zugeordnet werden konnte.

Anzeige in der Verbandszeitschrift „Das Gasthaus" für das von Chong Tin Lam betriebene, am Hamburger Berg auf St. Pauli gelegene „Hongkong"-Restaurant und -Hotel (1960).

Hamburg bildete das Zentrum der chinesischen Gastronomie in der Bundesrepublik, und dies nicht zufällig. Die China-Restaurants passten sehr gut zum internationalen Image der Stadt. Weil in der Nachkriegszeit immer weniger Seeleute in Hamburg an Land gingen, waren der Politik die vielen neu gegründeten China-Restaurants durchaus willkommen. Mehr noch, als einige chinesische Gastronomen wegen der restriktiven Ausländerpolitik Probleme bekamen, mischten sich Senatsmitglieder ein und betonten die kulturelle Bereicherung durch die chinesischen Lokale. Während die bundesdeutsche Regierung Staatsverträge unter anderem mit Italien (1955), Spanien (1960) und der Türkei (1961) abschloss, um die Einstellung dringend benötigter ausländischer Arbeitskräfte in der Industrie zu gewährleisten, sollten Arbeitsmigranten aus Asien und Afrika hingegen nicht ins Land kommen. Chinesische Köche gelangten lediglich mit einer Ausnahmeregelung als „Fachkräfte" in die Bundesrepublik, da diese auf dem heimischen Arbeitsmarkt nicht vorhanden waren.

Das Generalkonsulat der Bundesrepublik in Hongkong überwachte aufmerksam, welche chinesischen Staatsangehörigen ins Land einreisen wollten, und versuchte, die chinesische Einwanderung zu unterbinden. Da Chinesen nur aus Hongkong und Taiwan einreisen konnten, bekamen Gastronomen in Hamburg Ende der 1960er Jahre Schwierigkeiten, geeignete Köche und Kellner einzustellen. Der Betreiber des „Mandarin" beschäftigte deshalb italienische Kellner, die sich gegenüber der deutschen Kundschaft scherzhaft als Chinesen ausgaben und diese damit wohl ziemlich verwirrten. Deutsche Gäste erwarteten in einem China-Restaurant chinesisches Personal, da nur so die „Authentizität" gewährleistet schien.

Für chinesische Köche und Kellner war die Arbeit in der Gastronomie recht entbehrungsreich. Die oftmals langen Öffnungszeiten bedeuteten nur wenig Freizeit, das Leben beschränkte sich zumeist auf die Arbeit. Viele Köche wollten innerhalb von einigen Jahren möglichst viel Geld sparen, um sich dann ein eigenes Lokal zu kaufen und dieses selbstständig zu betreiben. Auch lastete teilweise ein nicht unerheblicher Druck auf den Angestellten, wie es beispielsweise Kuan über seine lediglich zweiwöchige Tätigkeit in einem Hamburger China-Restaurant Ende der 1960er Jahre berichtet. Sein Chef verhielt sich ihm gegenüber sehr autoritär, und Kuan hatte das Gefühl, ein „Leibeigener" zu sein, weshalb er nach einem Streit mit ihm den Dienst quittierte.[100]

Dies mag natürlich eine Ausnahme gewesen sein, dennoch sorgten die äußeren Umstände wiederholt für Probleme. Die befristete Aufenthaltsgenehmigung von chinesischen Köchen war an ein Beschäftigungsverhältnis gebunden, was das Abhängigkeitsverhältnis zwischen Chef und Angestellten verstärken konnte. So war es nicht verwunderlich, dass die meisten Köche nach einigen Jahren des Sparens ein eigenes Lokal erwarben. Der große Erfolg der chinesischen Küche und der ausgeprägte wirtschaftliche Unternehmergeist chinesischer Migranten führten deshalb zu noch mehr China-Restaurants nicht nur in Hamburg, sondern auch in anderen westdeutschen Großstädten.

Durch den Boom der chinesischen Küche stieg auch die Zahl der chinesischen Staatsangehörigen in Hamburg deutlich. 1967 erfasste die Statistik genau 459 Chinesen; unter ihnen befanden sich 210 Seeleute, 36 Selbstständige, 41 nicht Selbstständige, 39 Köche, 84 Familienangehörige, 46 Studenten und Schüler und drei Offiziere an der Führungsakademie der Bundeswehr.[101] Zwar nahm die wirtschaftliche Bedeutung der Gastronomie kontinuierlich zu, doch blieb eine große Gruppe von Chinesen weiter in der Schifffahrt beschäftigt. Bei diesen handelte es sich nun jedoch nicht mehr um Heizer, sondern vornehmlich um Stewards und Wäscher.

Wie sehr China-Restaurants in den frühen 1970er Jahren die ausländische Gastronomie beherrschten, illustriert eine vom „Hamburger Abendblatt" 1972 herausgegebene Karte: „Die Küchen der Welt in unserer Stadt".¹⁰² Hier dominieren die mit einem gelben Drachen auf rotem Grund symbolisierten Lokale die Hamburger Innenstadt deutlich und zeigen neben einem Schwerpunkt in der City eine zweite Zentrierung in St. Pauli. Trotz einiger wirtschaftlicher Probleme blieb die chinesische Küche bei den Gästen sehr begehrt. Chinesen eröffneten nun auch in weniger zentral gelegenen Stadtvierteln neue Lokale, so zum Beispiel in Wandsbek. Weil die chinesische Gastronomie weiter boomte, gab es untereinander keinen Konkurrenzdruck.¹⁰³

Die genaue Zahl chinesischer Lokale ist schwierig festzustellen. 1983 hatten 55 chinesische Staatsangehörige eine „Gaststättenerlaubnis" in Hamburg, 28 von ihnen waren im Bezirk Mitte registriert.¹⁰⁴ Allerdings besaßen nicht alle Chinesen die chinesische Staatsangehörigkeit, sondern konnten ebenso über die britische, indonesische oder deutsche verfügen. Bis in die 1980er Jahre blieb der Erfolg der China-Restaurants nahezu ungebrochen, dann erfasste die ökonomische Krise auch diesen Bereich. Nun wurden Stimmen laut, die die Qualität und Authentizität der Speisen kritisierten und daran erinnerten, dass das „chinesische" Essen mancherorts gar nicht wirklich chinesisch sei. Viele neu gegründete Lokale verwiesen seit dieser Zeit zunehmend auf ihre regionale Spezialisierung; so warb das Anfang der 1980er Jahre eröffnete „Suzy Wong" im Mittelweg in Pöseldorf mit reiner Shanghai-Küche.

In den 1990er Jahren veränderte sich die kulinarische Landkarte abermals grundlegend, Gerichte aus immer mehr Ländern und Regionen werden seither in Hamburg und anderen Großstädten angeboten. China-Restaurants blieben zwar eine zentrale Gruppe, sie erhielten nun jedoch zunehmend Konkurrenz von bislang wenig verbreiteten Küchen. Die Rede von den „Küchen der Welt" in der eigenen Stadt machte die Runde. Die zahlreichen ausländischen Asia-Imbisse sind ein deutliches Zeichen dafür, dass wir

Anzeige für das China-Restaurant „Suzy Wong" (1982) am Mittelweg im Restaurantführer „Hamburg gastronomisch '82". Es bot wie einige andere Lokale Shanghai-Küche an; diese ist unter anderem für viele Fischgerichte bekannt.

Der Boom der China-Restaurants in der Nachkriegszeit

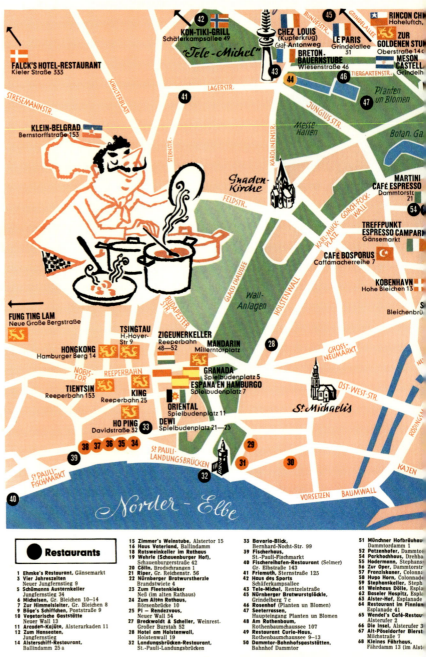

Restaurants

1 Ehmke's Restaurant, Gänsemarkt
3 Vier Jahreszeiten, Neuer Jungfernstieg 9
5 Schümanns Austernkeller, Jungfernstieg 34
6 Michelsen, Gr. Bleichen 10–14
7 Zur Himmelsleiter, Gr. Bleichen 8
8 Böge's Schiffchen, Poststraße 9
10 Vegetarische Gaststätte, Neuer Wall 13
11 Arcaden-Kajüte, Alsterarkaden 11
12 Zum Hanseaten, Jungfernstieg
14 Alsterschiff-Restaurant, Ballindamm 25 a
15 Zimmer's Weinstube, Alstertor 15
16 Haus Vaterland, Ballindamm
18 Ratsweinkeller im Rathaus
19 Wehrle (Schauenburger Hof), Schauenburgerstraße 42
20 Cölln, Brodschrangen 1
21 Riper, Gr. Reichenstr. 56
22 Nürnberger Bratwurstherzle, Brandstwiete 4
23 Zum Fleetenkieker, Neß (im alten Rathaus)
24 Zum Alten Rathaus, Börsenbrücke 10
26 PI — Rendezvous, Neuer Wall 54
27 Breckwoldt & Scheller, Weinrest. Großer Burstah 52
28 Hotel am Holstenwall, Holstenwall 19
32 Landungsbrücken-Restaurant, St.-Pauli-Landungsbrücken
33 Bavaria-Blick, Bernhard-Nocht-Str. 99
39 Fischerhaus, St.-Pauli-Fischmarkt
40 Fischereihafen-Restaurant (Selmer), Gr. Elbstraße 143
41 Friemuth, Sternstraße 125
42 Haus des Sports, Schäferkampsallee
43 Tele-Michel, Rentzelstraße
45 Nürnberger Bratwurstglöckle, Grindelberg 7 c
46 Rosenhof (Planten un Blomen), Haupteingang Planten un Blomen
47 Seeterrassen, Rothenbaumchaussee 107
48 Am Rothenbaum, Rothenbaumchaussee 9–13
49 Restaurant Curio-Haus, Rothenbaumchaussee 11
50 Dammtor-Bahnhofsgaststätten, Bahnhof Dammtor
51 Münchner Hofbräuhaus, Dammtordamm 1
52 Patzenhofer, Dammtorstr.
54 Parkhochhaus, Drehbahn
55 Hodermann, Stephansplatz
56 Zur Oper, Colonnaden
57 Franziskaner, Colonnaden
58 Hugo Horn, Colonnaden
59 Stephanskeller, Stephansplatz
61 Weinhaus Dölle, Esplanade
62 Baseler Hospitz, Esplanade
63 Alster-Hof, Esplanade
64 Restaurant im Finnlandhaus, Esplanade 41
65 Wendel's Café-Restaurant, Alsterufer 2
66 Die Insel, Alsterufer 35
67 Alt-Pöseldorfer Bierstube, Milchstraße 1
68 Kleines Fährhaus, Fährdamm 13 (im Alsterpark)

Der Boom der China-Restaurants in der Nachkriegszeit

Viele rot-gelbe Drachen zeigen die Dominanz chinesischer Restaurants. Sonderbeilage des „Hamburger Abendblatts" vom 21. Juni 1972 mit den „ausländischen Spezialitätenrestaurants". Die China-Restaurants konzentrierten sich in der Innenstadt und auf St. Pauli, dem vormaligen „Chinesenviertel".

Der Boom der China-Restaurants in der Nachkriegszeit

Ming-Chu Yu, Betreiberin des Restaurants „Han Yang" in Niendorf und Leiterin der Fachabteilung Chinesische Gastronomie im Dehoga Hamburg.

in einer globalisierten Welt leben. Gleichzeitig veränderte die neue kulinarische Vielfalt den Blick auf die chinesische Küche, die aufgrund der Konkurrenz heute als weniger exotisch angesehen wird. Die vielen China-Restaurants in Hamburg bleiben jedoch eine ausgesprochene Erfolgsgeschichte. Die Zahl der Lokale lag vor wenigen Jahren Schätzungen zufolge bei rund zweihundert.[105] Ming-Chu Yu geht hingegen von etwa 100 China-Gaststätten aus. Frau Yu hat einen besonders genauen Einblick in die Materie, nicht nur weil sie mit ihrem Mann seit fast drei Jahrzehnten das Lokal „Han Yang" in Niendorf betreibt, sondern weil sie seit 2005 die Fachabteilung Chinesische Gastronomie im Deutschen Hotel- und Gaststättenverband Hamburg (Dehoga) leitet. Dort sind derzeit 65 Betreiber von China-Restaurants organisiert.

Während seit einigen Jahren das Thema „China in Hamburg" fast allgegenwärtig ist, beklagen chinesische Gastronomen manche bürokratische Erschwernis. Ein brisantes Thema ist die Frage der Arbeitskräfte, da diesbezüglich immer wieder Probleme bestehen. Bis heute kommen chinesische Köche lediglich per Ausnahmeregelung nach Deutschland; seit 1989 dürfen zudem nur Arbeitskräfte aus der Volksrepublik eingestellt werden, die eine besondere zweijährige Fachausbildung und ein spezielles Zertifikat vorzuweisen haben. Nach drei Jahren müssen die Köche zwangsweise in die Volksrepublik zurückkehren, weshalb die Betreiber von Lokalen regelmäßig neue Mitarbeiter einstellen und einarbeiten müssen.

Der große Erfolg der chinesischen Küche beschränkte sich nicht nur auf die China-Restaurants. In der Nachkriegszeit wollte auch die eine oder andere deutsche Hobbyköchin (und vielleicht auch mancher Hobbykoch) selber einmal ein „chinesisches" Gericht zubereiten. In der kostenlosen Zeitschrift der Edeka-Händler „Die Kluge Hausfrau" erschienen bereits in den 1950er Jahren vereinzelt Rezepte für chinesische Speisen, 1961 hieß es dann „Wir kochen chinesisch". Wie wenig chinesisch das alles war, zeigt die Tatsache, dass man statt Sojasoße getrost auch Maggi-Speisewürze nehmen durfte, die kulinarische Allzweckwaffe der Nachkriegszeit. Das „Tunhuang" brachte 1960 ein eigenes Kochbuch heraus, mit dem Werbung für die hauseigenen Lokale gemacht, den deutschen Lesern die chinesische Küche aber auch insgesamt nähergebracht und schmackhaft gemacht werden sollte.¹⁰⁶

Später gelangten zahlreiche chinesische Kochbücher auf den Buchmarkt. Ihre zunehmende Popularität lag auch daran, dass nun vermehrt wichtige Zutaten der chinesischen Küche wie Tofu, Sojasoße und Gewürze in Asia-Shops oder auch in Spezialabteilungen von Supermärkten erhältlich waren. Auch das beweist, dass chinesisches Essen nach wie vor faszinierte und vielen Deutschen immer weniger fremd vorkam, weshalb sich immer mehr Hobbyköche am Wok versuchten. Das wäre in der frühen Nachkriegszeit für die allermeisten Hamburger absolut undenkbar gewesen.

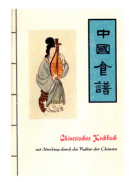

Das Restaurant „Tunhuang" gab 1960 ein eigenes Kochbuch heraus, das viele chinesische Gerichte enthielt und gleichzeitig die Kultur des Landes vorstellte.

Die chinesische Community

Für chinesische Migranten bildete „Hanbao" – die chinesische Bezeichnung für Hamburg – in der ersten Hälfte des 20. Jahrhunderts meist eine Durchgangsstation. Viele Chinesen, die sich nach jahrelanger Arbeit als Heizer auf europäischen Dampfschiffen in Westeuropa niederließen, wechselten häufiger den Wohnort und pendelten nicht selten zwischen englischen Hafenstädten wie London und Liverpool oder Plätzen auf dem europäischen Kontinent wie Rotterdam und eben auch Hamburg. Chinesische Seeleute und Migranten sahen in den verschiedenen Städten eher deren Gemeinsamkeiten, wodurch die jeweiligen lokalen und nationalen Unterschiede verschwammen. Die vielen Ortswechsel führten auch dazu, dass Chinesen – nicht nur in Deutschland – immer wieder Probleme mit den Behörden bekamen, da sie meist nur unzureichend mit den jeweiligen Bestimmungen vertraut waren. Neben der eigenen Orientierung der Migranten bewirkte die ablehnende Haltung seitens der Hamburger Behörden, dass viele Migranten die Stadt wieder verließen.

Dennoch bildete sich mit dem „Chinesenviertel" der 1920er Jahre bereits eine chinesische Community, deren Pfeiler die Betreiber von Gaststätten und Lokalen waren. Die chinesischen Geschäftsinhaber zeigten einen wirtschaftlichen Spürsinn, der allgemein unter Auslandschinesen verbreitet war und der auch die Seeleute aus „einfachen" Verhältnissen ermunterte, sich wirtschaftlich auf eigene Beine zu stellen.

Als „Community" kann man eine Gruppe von Migranten mit einem ähnlichen Hintergrund bezeichnen, die in der Fremde eine Gemeinschaft bilden. Der englische Begriff ist neutraler als die religiös konnotierte „Gemeinde" oder die zeitgenössisch verwendete Bezeichnung „Kolonie". Doch wie stellten die Beteiligten die Community her, worauf begründete sich das Gemeinschaftsgefühl und was war dafür verantwortlich? Familiäre Bindungen stellten einen direkten Zusammenhalt her, der auch über große räumliche Distanzen aufrechterhalten wurde – nicht nur in chinesischen Kreisen. Auch im Zeitalter vor Internet und Mobiltelefonen konnten Menschen mittels Briefen und anderen Kommunikationsmitteln ihre Familienangehörigen daheim über ihr Leben in der neuen Welt informieren und einen regelmäßigen Kontakt aufrechthalten. Das Wissen, auf Verwandte im Ausland zählen zu können, erleichterte oftmals die Entscheidung zur Auswanderung. Nur so ist zu erklären, dass in bestimmten Regionen oder Orten sehr viele Menschen in die Fremde aufbrachen, während einige Kilometer weiter die Menschen sesshaft blieben. Mit den bereits im Ausland wohnenden Angehörigen konnte nun eine „Ketten-Migration" entstehen, es wurden familiäre Netzwerke aufgebaut, wovon die Jüngeren und die Neuankömmlinge erheblich profitierten.

Auch in Hamburg spielten familiäre Bindungen für chinesische Migranten eine herausragende Rolle, sie waren oftmals überhaupt erst der Grund, die Stadt aufzusuchen.[107] In einer fremden Umgebung sorgte dies für einen Arbeitsplatz und eine Unterkunft, in jedem Fall aber für ein soziales Sicherheitsgefühl. In der chinesischen Kultur wie auch in westlichen Gesellschaften sind die persönlichen Beziehungen eminent wichtig, sie strukturieren in beträchtlichem Maße das gesellschaftliche Leben. Im Chinesischen werden Netzwerke *guanxi* genannt, wobei genau nach familiären, persönlichen und beruflichen Bindungen unterschieden wird.

Angesichts der Bedeutung der Familie stellte die Migrationserfahrung eine gewisse Herausforderung dar. Aus von der Hamburger Polizei abgefangenen Briefen wird beispielsweise deutlich, wie sehr sich chinesische Migranten in den 1920er und 1930er Jahren bereits akklimatisiert und damit gleichzeitig von ihrer Familie in China entfremdet hatten. In einem Brief an einen in Hamburg lebenden chinesischen Mann hieß es etwa 1934: „Jetzt willst Du Dich mit einer europäischen Frau verheiraten und Dich damit Dein ganzes Leben lang belasten und kümmerst Dich nicht um unsere Not, sondern suchst bei einer Europäerin nur Dein Vergnügen. Du vernachlässigst Deine Pflichten gegen Vater, Brüder und Deine Frau. So ist es kein Wunder, dass Du die ganze [Zeit] über kein Geld mehr nach Hause geschickt hast, sodass wir in grosser Not leben."[108] Diejenigen chinesischen Männer, die wirtschaftliche Chancen in Hamburg nutzen wollten und nach einiger Zeit meist mit deutschen Frauen zusammenlebten, lösten sich bisweilen von ihren Familien und aus den üblichen Konven-

Die chinesische Community

Gründung des Chinesischen Vereins in Hamburg am 10. Oktober 1929 im „Café und Ballhaus Cheong Shing" in der Großen Freiheit. Im Hintergrund die Fahnen der Kuomintang (Nationalen Volkspartei) und der Chinesischen Republik.

tionen. Der regelmäßig überwiesene Geldbetrag in die Heimat – oder sein Ausbleiben – war dabei ein deutlicher Gradmesser für die Enge der familiären Beziehungen zwischen alter und neuer Heimat.

Neben den familiären Verbindungen brachten auch berufliche und persönliche Kontakte chinesische Migranten nach Hamburg. Seeleute lernten aufgrund der regelmäßig verkehrenden Schifffahrtslinien Landsleute kennen, mit denen sie während ihres damals noch mehrtägigen Aufenthalts in den Hafenstädten nicht selten ein freundschaftliches Verhältnis aufbauten. Dies ermöglichte Seeleuten zudem, die anstrengende Arbeit als Heizer gegen die Arbeit als Koch oder Wäscher an Land zu tauschen.

Für die Gemeinschaftsbildung in Übersee kann die Bedeutung der Sprache wohl kaum überbetont werden. Der jeweilige Dialekt sorgte bei vielen Migrantengruppen dafür, dass sich Personen mit der gleichen regionalen Herkunft zusammentaten, was auch unter deutschen Auswanderern in Amerika und ihren „Landsmannschaften" beobachtet werden konnte. Die Muttersprache oder gar der eigene Dialekt erzeugen in der Fremde ein Gefühl von Heimat und Vertrautheit; die gewohnte Sprache erleichtert die Eingewöhnung in eine neue Umgebung insbesondere bei denjenigen, die der Landessprache nicht mächtig sind.

In China existieren viele verschiedene Dialekte, die sich teilweise sehr deutlich voneinander abheben. Chinesische Migranten stammten bis zur Mitte des 20. Jahrhunderts zwar meist aus den Provinzen Guangdong und Zhejiang, doch auch hier herrschten große sprachliche Unterschiede. Selbst die Seeleute und Migranten aus der Umgebung von Kanton sprachen teilweise abweichende kantonesische Dialekte, Seeleute aus Orten wie Ningbo oder Shanghai verständigten sich wiederum in einer anderen Mundart. Die Kleinhändler aus Qingtian bildeten diesbezüglich eine ganz eigene Gruppe. So war es nicht verwunderlich, dass chinesische Migranten je nach regionaler Herkunft sich in eigenen Kreisen bewegten, zu denen die anderen Gruppen nur begrenzt Kontakt hatten. Aus diesem Grund entstand in der Zwischenkriegszeit keine einheitliche chinesische Community, sondern es gab mehrere davon. Viele deutsche Beobachter und die Behörden realisierten die getrennten chinesischen Welten lange Zeit nicht und nahmen „die Chinesen" als eine einheitliche Gruppe wahr. Dies lag auch daran, dass sich die chinesischen Dialekte für deutsche Ohren kaum unterschieden und die meisten chinesischen Migranten ein einfaches Englisch (*pidgin*) sprachen, mit dem man damals auf St. Pauli gut zurechtkam. Nur wer mehrere Jahre in Hamburg blieb, erlernte die deutsche Sprache, vor allem dann, wenn die betreffende Person mit einer deutschen Frau zusammenlebte.

So flüchtig die frühe chinesische Migration in den 1920er Jahren war, gab es schon damals erste Anzeichen einer längerfristigen Einwanderung. Trotz der beschriebenen Unterschiede existierte ein Zusammengehörigkeitsgefühl, das durch die Migrationserfahrung vermutlich noch gestärkt wurde. Ein besonderes Ereignis stellte die Gründung des Chinesischen Vereins in Hamburg dar, am 10. Oktober 1929, dem damaligen chinesischen Nationalfeiertag, der an den Aufstand von Wuchang 1911 und damit den Sturz der Qing-Dynastie erinnerte.[109] Im „Café und Ballhaus Cheong Shing" in der Großen Freiheit versammelte sich an diesem Tag eine Gruppe von rund 40 chinesischen Männern, um den Verein offiziell ins Leben zu rufen. Der erste Vorsitzende war Chen Chi Ling, der als Seemann zu Beginn des Ersten Weltkriegs nach

Steinernes Zeugnis: der 1929 errichtete Gedenkstein auf der alten Grabstelle des Chinesischen Vereins.

Hamburg gekommen war und danach chinesische Seeleute für die Hapag und den Norddeutschen Lloyd vermittelte. Der Verein scheint in seiner Frühphase nicht allzu aktiv gewesen zu sein, jedenfalls sind fast keine schriftlichen Unterlagen überliefert. Die Gründung hatte aber zweifelsfrei eine hohe symbolische Funktion, sowohl für die Gruppe der Migranten als auch für das deutsche Umfeld. Auf dem Gründungsfoto sind die Fahnen der Chinesischen Republik und der Kuomintang zu erkennen. Somit sollte der Verein wohl nicht nur die Interessen der chinesischen Staatsangehörigen in Hamburg vertreten, sondern auch politisch für die Nationale Volkspartei und deren nationalistische Ziele werben. Denn nur zwei Jahre zuvor hatte der Bürgerkrieg zwischen der Kuomintang und den Kommunisten begonnen, der fortan die chinesische Geschichte maßgeblich bestimmen sollte.
Interessanterweise sind auch einige deutsche Personen auf dem Foto zu erkennen. So nahm der Sinologe Fritz Jäger an der Veranstaltung teil, der offenbar über gute Verbindungen zur chinesischen Community verfügte. Der Verein wirkte demnach nicht nur nach innen, er pflegte auch Kontakte zur deutschen Bevölkerung. Angesichts der Gerüchte um kriminelle „Machenschaften" und geheime Tunnel der Chinesen in St. Pauli war das nur zu verständlich. Der Ort der Gründungsveranstaltung, das „Cheong Shing", verdeut-

Das neue Grabfeld des Chinesischen Vereins auf dem Friedhof Ohlsdorf. Die Grabstelle besaß und besitzt eine wichtige Funktion für die chinesische Community, sie vermittelt symbolisch und ganz direkt ein Gemeinschaftsgefühl (links).

Die chinesische Community

Chen Chi Ling gelangte um 1914 als Seemann nach Hamburg, arbeitete als Seemannsagent und war ab 1929 der erste Vorsitzende des Chinesischen Vereins.

licht zudem die enge Verbindung zu St. Pauli und dem Hafen, wofür nicht zuletzt der erste Vorsitzende Chen Chi Ling stand. Obwohl wenig über die frühen Aktivitäten des Vereins bekannt ist, so ist eine Sache doch gut dokumentiert. Der Verein schloss kurz nach seiner Gründung einen Pachtvertrag für eine Grabstelle auf dem Ohlsdorfer Friedhof ab, auf der mittellosen chinesischen Staatsangehörigen ein kostenloses, aber würdiges Begräbnis ermöglicht werden sollte. Neben den chinesischen Schriftzeichen war auf dem dort angelegten Grabstein die Widmung zu lesen: „Zum Andenken an die in Hamburg verstorbenen chinesischen Seeleute u. Staatsangehörigen". Im 19. und frühen 20. Jahrhundert war es das Ziel der Mehrheit chinesischer Seeleute und Migranten, vor dem Tod wieder in ihre alte Heimat zurückzukehren und dort begraben zu werden. Einigen war dies jedoch nicht vergönnt, und auch in Hamburg lebten mittellose, ältere chinesische Seeleute oder Migranten, die in der Stadt „hängengeblieben" waren und hier starben. Der Verein sah es als seine moralische Pflicht an, diesen Landsleuten eine letzte Ehre zu erweisen und sie in einem würdigen Rahmen zu bestatten. Für die Community besaß dies einen „hohen symbolischen Wert", wie Bernd Eberstein feststellte, da die Chinesen hiermit gegenseitige Hilfe leisteten und ihr Zusammengehörigkeitsgefühl dokumentierten.[110] Spenden aus der chinesischen Community deckten die Kosten für die Bestattungen, was offensichtlich kein größeres Problem darstellte und ebenfalls die Bedeutung der Grabstelle und des Grabsteins unterstreicht. Der Stein und die Anlage existieren bis zum heutigen Tage und sind damit eines der wenigen überlieferten Zeugnisse der Geschichte chinesischer Seeleute und Migranten in der Hansestadt.

In der Nachkriegszeit erlangte der Chinesische Verein dann größere Bedeutung, was auch den weltpolitischen Umständen geschuldet war. Da seit 1950 keine diplomatischen Beziehungen mehr zwischen der Bundesrepublik und der Volksrepublik China und der Chinesischen Republik (Taiwan) bestanden (siehe dazu das Kapitel über die politischen Beziehungen), übernahm der Verein eine gewisse diplomatische Ersatzfunktion und betreute chinesische Staatsangehörige beispielsweise bei Behördengängen. Die

Geschichte des Chinesischen Vereins ist eng mit der Familie Chen verknüpft. Chen Chun Ching, Sohn von Chen Chi Ling, übernahm 1954 den Vorsitz des Vereins und reaktivierte ihn.[111] Mitglieder des Vereins kümmerten sich nun intensiv um die Pflege des Grabfeldes auf dem Ohlsdorfer Friedhof und erhielten damit die Tradition aus der Vorkriegszeit aufrecht. Seit 1962 trafen sich die Mitglieder des Vereins regelmäßig zu gemeinsamen Feierlichkeiten wie dem chinesischen Neujahrsfest, das Ende Januar/Anfang Februar stattfindet und in der chinesischen Festtagskultur eine zentrale Rolle einnimmt.

Wie sein Vater Chen Chi Ling war Chen Chun Ching als Seemannsagent für deutsche Reedereien tätig. Er leitete den Chinesischen Verein ab 1954.

Der Chinesische Verein hatte lange Zeit keine eigenen Räumlichkeiten, was seine Möglichkeiten einschränkte. Mitte Oktober 1970 weihte der Verein unter Beteiligung des Bezirksamtsleiters und des chinesischen Botschafters aus Brüssel sein neues Vereinshaus in der Oderfelder Straße in Eppendorf ein. Damit verfügten die Vereinsmitglieder erstmals über einen eigenen Ort für Zusammenkünfte, und das Angebot an die Mitglieder und an die in Hamburg lebenden Chinesen weitete sich in der Folge merklich aus. Erstmals konnte jetzt Unterricht in der chinesischen Sprache und Schrift angeboten werden, was vor allem chinesische Kinder in Anspruch nahmen.[112] Dahinter steckte sicherlich auch der Wunsch, eine chinesische Identität in der Migration zu bewahren. Seit dieser Zeit bilden Sprachkurse ein wesentliches Element des Vereins. Im Laufe der Zeit besuchten zunehmend Deutsche die Sprachkurse, um hier das Lesen der chinesischen Schrift oder die mündliche Sprache (Nordchinesisch) zu erlernen.

Der Chinesische Verein beschränkte sich nicht auf kulturelle Aktivitäten, sondern positionierte sich auch politisch. Seine Mitglieder waren zumeist national eingestellt und lehnten deshalb den Kommunismus grundsätzlich ab. In der Nachkriegszeit bedeutete dies, dass der Verein Taiwan unterstützte und versuchte, der politischen Isolation des Landes in Deutschland entgegenzuwirken. Die Regierung Taiwans unterstützte den Verein sogar finanziell und band ihn auf diese Weise an sich. Als der Kalte Krieg nach den 1970er Jahren allmählich abklang, veränderte der Verein schrittweise seine Haltung und öffnete sich zunehmend für andere Chinesinnen und Chinesen. Der Verein wurde nun immer mehr zu einer Vereinigung aller Chinesen, die inzwischen aus diversen Regionen Chinas kamen und sich deutlich voneinander unterschieden. Dennoch einte sie ein Zusammengehörigkeitsgefühl, ein gemeinsames „Chinesisch-Sein", welches auch und gerade der Chinesische Verein in Hamburg symbolisierte.

Gleichwohl färbte die Spaltung Chinas teilweise sehr deutlich auf die chinesische Community in Hamburg ab. An das politische Klima des Kalten Kriegs erinnert auch Kuan in seiner Autobiographie. Während der „Kulturrevolution" wurden zwischen 1966 und 1976 in der Volksrepublik vermeintliche Abweichler von der offiziellen Linie der Kommunistischen Partei gezielt drangsaliert und nicht selten verstoßen. Auch Kuan traf dieses Schicksal, doch er konnte auf abenteuerliche Weise fliehen und gelangte nach Europa, 1969 schließlich nach Hamburg.

Angesichts seiner Lebensgeschichte und seiner Tätigkeit am kurz zuvor gegründeten Institut für Asienkunde und am Sinologischen Seminar der Universität Hamburg, vermutete ein Teil seiner Landsleute, er sei ein kommunistischer Spion, der die pro-taiwanesischen Auslandschinesen auskundschaften sollte: „In den Augen der Kommunistischen Partei war ich ein Konterrevolutionär, und in den Augen der taiwanfreundlichen Chinesen in Hamburg ein Agent der Kommunisten. Es war wirklich schwierig mit manchen Landsleuten!"[113] Besonders deutlich wurde Kuan diese teilweise hysterische Haltung im „chinesischen Salon" einer wohlhabenden Chinesin in einem Hamburger Vorort, in dem sich regelmäßig die chinesische „High Society" der Stadt einfand. Die Erfahrungen von Kuan zeigen sehr deutlich, wie die geopolitische Lage die Chinesen in Hamburg beeinflusste und wie sehr gegenseitiges Misstrauen ein Zusammengehörigkeitsgefühl der chinesischen Community in dieser Zeit behindern konnte.

Neben dem Chinesischen Verein und seinem Vereinshaus existierten weitere wichtige Orte in Hamburg. Auch in der Nachkriegszeit gelangten regelmäßig chinesische Seeleute in die Stadt, allen Veränderungen der Schifffahrt zum Trotz. Im Jahr 1962 wurde sogar ein Chinesisches Seemannsheim (*Hanbao huaqiao haiyuan zhi jia*) in Anwesenheit des chinesischen Botschafters aus Brüssel eröffnet, das sich fortan zur ersten Anlaufstelle für chine-

Die chinesische Community

Anteilsschein des Chinesischen Seemannsheims aus den 1980er Jahren. Das von Chen Chun Ching geleitete Seemannsheim lag bewusst nicht auf St. Pauli, sondern weit entfernt vom Hafen in Eppendorf, um möglichst weit weg von den Vergnügungsbetrieben der Reeperbahn zu sein.

sische Seeleute entwickelte.[114] Das Seemannsheim, das noch heute existiert, liegt jedoch nicht in unmittelbarer Hafennähe oder in St. Pauli, wie man es vielleicht erwarten könnte, sondern in Eppendorf und ist damit eine „kleine Weltreise" vom Hafen entfernt. Der Leiter des Seemannsheims, Chen Chun Ching, gab als Grund dafür an: „‚Ein Seemann', kombinierte er beim Einzug lebensklug, ‚gibt dann am wenigsten Geld aus, wenn er weit ab von den Vergnügungen einer Hafenstadt das wahre Glück eines promillearmen Landurlaubs unter Kollegen verbringt.'"[115] Das Chinesische Seemannsheim sollte ganz bewusst der „Hafen" für chinesische Seeleute in Hamburg sein; es sollte ebenso gezielt nicht direkt auf St. Pauli mit seinen zahlreichen „Versuchungen" liegen.

Wie gut ein chinesischer Migrant in Hamburg integriert sein konnte, zeigt die Person Chen Chun Ching vermutlich wie kein anderer. Chen verfügte über zahlreiche Kontakte im Hafen und lernte deshalb im Laufe der Zeit Plattdeutsch – damals die „Verkehrssprache" im Hafen. Damit bildete er freilich eine Ausnahme, da die Mehrheit der Chinesen sich schließlich vor allem in den eigenen Kreisen bewegte; es dokumentiert aber auch, wie weit die Anpassung eines chinesischen Migranten schon damals gehen konnte.

Eine andere Gruppe, die nicht vollständig in die chinesische Community integriert war, bildeten die Kinder aus chinesisch-deutschen Partnerschaften. Seit den 1920er Jahren wuchsen Dutzende dieser Kinder in Hamburg auf und waren damit „echte" Hamburger, auch wenn sie für viele auf den ersten Blick nicht so aussahen. Für sie waren natürlich die deutschen Mütter der erste Bezugspunkt, weshalb fast alle von ihnen Deutsch als Muttersprache und in der Regel kein Chinesisch erlernten. Gerade in der frühen Nachkriegszeit war es für diese Kinder nicht immer leicht, da sie von ihrer Umgebung oftmals gehänselt wurden. Sylvana Westmann, die als Tochter eines chinesischen Seemanns und späteren Händlers im Hamburg der Nachkriegszeit aufwuchs, erinnert diesen Druck gut. Sie berichtet beispielsweise davon, dass ihr Vater Fische in der Badewanne hielt – in China ist etwas frisch, wenn es noch lebt – und ihr das ein wenig unheimlich war. Er besuchte mit ihr die chinesischen Treffpunkte in St. Pauli, wo sie den Gesprächen jedoch nicht folgen konnte und bei einem Glas Cola ihre Gedanken schweifen ließ. Auch in diesen Familien blieb manche Verhaltensweise fremd, obwohl der Alltag geteilt wurde.

Die Zahl chinesischer Migranten in Hamburg stieg seit der frühen Nachkriegszeit kontinuierlich. Für den 1. Januar 1971 verzeichnet die Statistik unter „China (Taiwan)" 443 Personen – ihre Zahl hatte sich damit innerhalb von nur zehn Jahren mehr als verdoppelt. Die Gesamtzahl der Chinesen lag jedoch regelmäßig weit über den statistischen Angaben. Viele Personen, die sich als Chinesen empfanden – also sprachlich und kulturell sich China zugehörig fühlten –, verfügten über eine andere als die chinesische Staatsangehörigkeit. Nach einer Verfolgungswelle der chinesischen Minderheit in Indonesien Ende der 1960er Jahre flüchteten viele Chinesen von dort nach Europa, auch nach Hamburg. 1970 lebten insgesamt 554 indonesische Staatsangehörige in der Stadt, unter ihnen befand sich auch eine unbekannte Zahl von Chinesen. Ein weiteres Beispiel sind die „Boat People", die Ende der 1970er Jahre unter oft abenteuerlichen Umständen vor den kommunistischen Machthabern aus Vietnam flüchteten; auch unter ihnen befanden sich viele Chinesen.

„Integration" ist aktuell ein populäres und wichtiges Schlagwort, wenn es um Migration geht. Sie ist allerdings nur sehr schwer zu messen. Als ein üblicher Indikator für das „Ankommen" von Migranten wird gerne die Quote von Einbürgerungen herangezogen. In Bezug auf chinesische Staatsangehörige blieb die Zahl der Einbürgerungen in Hamburg in der Nachkriegszeit lange sehr niedrig. In den Jahren von 1960 bis 1970 nahmen lediglich 25 Chinesen die deutsche Staatsbürgerschaft an, wobei acht aus Taiwan stammten.[116] Seit dieser Zeit stieg die Quote leicht an, blieb insgesamt aber recht gering. Mit Annahme der deutschen Staatsangehörigkeit wechselt die Identität der jeweiligen Person jedoch keineswegs schlagartig, schließlich handelt es sich bei einem Pass lediglich um ein Stück Papier oder neuerdings um ein Stück Plastik. Früher hörte man häufig, Migranten und insbesondere ihre Kinder säßen „zwischen den Stühlen" und seien zwischen zwei Kulturen hin- und hergerissen. Neuerdings wird stärker die freiwillige Wahl betont, nach der jeweils bestimmte Eigenschaften aus verschiedenen Kulturen angenommen werden.

Nicht zuletzt aufgrund der vielen China-Restaurants in der Stadt waren chinesische Migranten in Hamburg unübersehbar. Allerdings bemühte sich die chinesische Community, möglichst wenig aufzufallen, was möglicherweise auch direkt darauf zurückzuführen ist, dass die chinesische Gastronomie im Stadtbild so exponiert war. Chinesen gehörten jedenfalls nie zu dem „Ausländerproblem", welches Deutsche seit den 1970er Jahren und insbesondere mit Blick auf türkische „Gastarbeiter" und deren großstädtische Wohnviertel zunehmend thematisierten. Während die südeuropäischen Gastarbeiter staatlich angeworben waren, wussten chinesische Migranten, dass sie ja nur wegen der nicht vor Ort vorhandenen „Fachkräfte" in der Bundesrepublik geduldet waren.

In Ländern wie Großbritannien entstanden in der Nachkriegszeit neue Chinatowns – etwa in der Gerrard Street in der Londoner City –, was die britischen Behörden seit den 1960er Jahren sogar bewusst förderten und begleiteten. Für Hamburg war es hingegen unvorstellbar, dass die Behörden eine solche Chinatown genehmigen könnten. Erst seit den 1980er Jahren wurde die Idee einer Chinatown diskutiert, worüber auch die Presse berichtete.[117] Dies hing mit der veränderten wirtschaftlichen Position Chinas und dem Umdenken von Verantwortlichen in Hamburg zusammen. Während ein „Chinesenviertel" im frühen 20. Jahrhundert als ein „Gefahrenherd" angesehen wurde, überwogen nun, vor dem Hintergrund der wirtschaftlichen Entwicklung Chinas, die positiven Effekte. Für chinesische Migranten kann eine solche Chinatown eine wichtige Funktion übernehmen. Es symbolisiert die Anwesenheit chinesischer Migranten weit mehr, als dies viele verstreute Lokale tun können. Auch wenn die Londoner Chinatown „künstlich" erschaffen wurde und kein Wohnquartier darstellte, entwickelte sie sich zu einem wichtigen Treffpunkt – und lockt zudem eine nicht ganz unbedeutende Zahl von Touristen an.

Die chinesische Community in Hamburg wuchs in den letzten Jahrzehnten weiter. In den 1980er Jahren zählte man bereits rund 2000 Staatsangehörige; Bernd Eberstein schätzte um 1985 die Zahl der Chinesen in Hamburg sogar auf rund 6000. In den 1990er Jahren gelangten vermehrt Chinesen und Chinesinnen aus der Volksrepublik nach Deutschland, insbesondere nach dem Massaker auf dem Tiananmen-Platz (Platz des Himmlischen Friedens) im Juni 1989, was einen deutlichen Anstieg von Asylanträgen chinesischer Staatsangehöriger zur Folge hatte.[118] Ihre Zahl erreichte 1993 mit 4396 Anträgen ihren Höhepunkt. Heute leben rund 10 000–15 000 Chinesen in Hamburg und tragen nicht unwesentlich zur Wirtschaftskraft der Hafenstadt und dem international geprägten Stadtbild bei.

Bildung ist ein wichtiges Thema für chinesische Migranten. Seit den 1990er Jahren entstanden zusätzliche Sonntagsschulen für chinesische Kinder wie die „Hanhua Chinesisch-Schule e.V.". Hier werden derzeit von 30 Lehrerinnen und Lehrern mehr als 250 chinesische Kinder unterrichtet, damit sie die chinesische Sprache in Wort und Schrift auch in Hamburg erlernen. Ihre Eltern stammen meist aus der Volksrepublik und grenzen sich damit von dem Chinesischen Verein und seinen diesbezüglichen Angeboten ab.

Die Entwicklung Hamburgs hin zu einem wirtschaftlich wichtigen „China-Zentrum" zeitigt auch für chinesische Migranten positive

Wirkungen. So trauen Chinesen der westlichen Schulmedizin nicht allzu sehr und bevorzugen die „traditionelle" chinesische Medizin.[119] Vor einigen Jahrzehnten bedeutete dies noch ein nicht unerhebliches Problem in Hamburg, da nur wenige entsprechende Angebote existierten. In der jüngeren Vergangenheit veränderte sich dies jedoch, und am 1. Juli 2010 eröffnete eine ambulante Einrichtung für chinesische Medizin auf dem Gelände des Universitätsklinikums Hamburg-Eppendorf – das HanseMerkur Zentrum für Traditionelle Chinesische Medizin. Damit konzentriert sich erstmals ein eigenes Zentrum in der Stadt ganz auf die Traditionelle Chinesische Medizin (TCM), wobei neben der Therapie auch Forschung und Lehre angeboten werden. Zu den erklärten Zielen des Zentrums zählen die Erforschung der Wirkungen der TCM, die Fortbildung von Ärzten und Studenten und die Behandlung von Patienten „auf hohem Niveau". Nicht zuletzt soll das neue Zentrum auch einen eigenen Beitrag zur Städtepartnerschaft zwischen Hamburg und Shanghai leisten und den gegenseitigen Austausch von Medizinern ermöglichen.

Die chinesische Community ist gegenwärtig so bunt gemischt wie noch nie. Heute sind es viele gut ausgebildete Personen, die nach Hamburg kommen und die sich damit deutlich von den chinesischen Seeleuten zu Beginn des 20. Jahrhunderts unterscheiden. Chinesische Migranten teilen sich heute in viele Berufs- und diverse regionale und sprachliche Kleingruppen auf, weshalb die Rede von den chinesischen Communities im Plural treffender denn je ist.

Die Hamburger Universität und chinesische Studierende

Die Hamburger Universität ist vergleichsweise jung, sie ist erst 1919 gegründet worden. Ein wichtiger Vorläufer der Alma Mater war das am 20. Oktober 1908 eingeweihte Kolonialinstitut, das im heutigen Hauptgebäude der Universität an der Edmund-Siemers-Allee untergebracht war. Hier sollten Beamte auf ihre Zeit in den Kolonien vorbereitet werden, die Veranstaltungen betrafen verschiedene Disziplinen wie Geographie, Recht, Geschichte und Sprachwissenschaften. 1909 wurde ein Lehrstuhl für die „Sprachen und Kultur Ostasiens" eingerichtet, der 1914 dann in „Sprache und Kultur Chinas" umbenannt wurde. Damit existierte in Hamburg die erste reguläre Professur für Sinologie in Deutschland. Die Hansestadt kann sich deshalb mit Fug und Recht als eine Wiege der Sinologie bezeichnen.[120] Der erste Lehrstuhlinhaber war Otto Franke (1863–1946), der zuvor jahrelang als Dolmetscher im deutschen diplomatischen Dienst in Peking und anderen chinesischen Städten tätig gewesen war. Trotz seiner Anstellung am Kolonialinstitut kritisierte Franke bisweilen vorsichtig die deutsche Kolonialpolitik und warb für ein besseres Verständnis für das Land China und die Mentalität der Chinesen. Sein Hauptwerk bildete die „Geschichte des chinesischen Reiches", die zwischen 1932 und 1954 in fünf Bänden erschien und die erste historische Gesamtdarstellung des Chinesischen Reichs in deutscher Sprache war.

Otto Franke, erster Sinologe in Hamburg, seit 1908 am Kolonialinstitut und von 1919 bis 1923 an der Universität Hamburg (Foto um 1910). Sein Hauptwerk war eine fünfbändige „Geschichte des chinesischen Reiches".

Im Juni 1912 trat der Chinese Schang Yen Liu, ein 26-jähriger höherer Beamter aus Kanton, die Stelle eines „wissenschaftlichen Hilfsarbeiters" am Seminar an und lebte anschließend mit seiner Frau und seinen beiden Kindern in der Stadt. Schang war bei Zusammenbruch der chinesischen Monarchie in die deutsche Kolonie Tsingtau geflüchtet – wie eine ganze Reihe von Chinesen – und wurde von der dortigen deutsch-chinesischen Hochschule an das Hamburger Institut vermittelt.[121] Otto Franke war mit der Arbeit seines chinesischen Lektors sehr zufrieden und schätzte sich glücklich, einen chinesischen Muttersprachler als Mitarbeiter zu haben. Nach Ablauf seines Vertrags kehrte Schang 1916 während des Ersten Weltkriegs nach China zurück und riss damit eine entsprechend große Lücke im Seminar.

Auf Otto Franke folgte ab 1923 als Lehrstuhlinhaber Alfred Forke (1867–1944). Seit 1935 hatte Fritz Jäger (1886–1947), der

Die Hamburger Universität und chinesische Studierende

Fritz Jäger, Professor für Sinologie 1935–1945. Jäger übersetzte für die Hamburger Polizei abgefangene Briefe chinesischer Seeleute (Foto um 1930). Wegen seiner Mitgliedschaft in der NSDAP verlor er nach Kriegsende seinen Lehrstuhl.

auch an der Gründungsveranstaltung des Chinesischen Vereins teilgenommen hatte, den Lehrstuhl inne. Jäger war NSDAP-Mitglied und unterstützte in den 1930er Jahren die Hamburger Polizei bei ihrer Überwachung der chinesischen Seeleute und Migranten. Da Dolmetscher für Chinesisch rar waren, trat die Polizei gelegentlich an ihn heran, um abgefangene Briefe übersetzen zu lassen.

Chinesische Studenten im Ausland spielen eine wichtige Rolle in der Geschichte Chinas. Nach dem Zusammenbruch des Chinesischen Reichs mit seiner aufwendigen Beamtenausbildung sahen viele junge Chinesen ein Auslandsstudium als einen sinnvollen Weg an, um persönlich Karriere zu machen, aber auch um direkt zur Modernisierung Chinas beizutragen. Bevorzugtes Zielland der Studenten war angesichts der räumlichen Nähe Japan, aber auch die USA, England und Frankreich erfreuten sich großer Beliebtheit. Einen spürbaren Aufschwung nahm das Studium von Chinesen in Deutschland in den 1920er Jahren.[122] Den absoluten Schwerpunkt bildete Berlin, wo eine Gruppe von ungefähr 500 chinesischen Studenten lebte und wohl auch die mannigfaltigen Reize der pulsierenden Metropole genoss.[123] Auch nach Hamburg gelangten damals die ersten chinesischen Studenten, wenngleich ihre Zahl anfangs sehr gering war. So waren im Wintersemester 1927/28 zwei Chinesen eingeschrieben – bei insgesamt rund 2500 Studierenden.[124]

Der Kommunist Liao Chengzhi war vom Wintersemester 1929/30 bis zum Wintersemester 1930/31 offiziell an der Hamburger Universität in den Sozialwissenschaften eingeschrieben. Allerdings entpuppte er sich als „Scheinstudent", der nicht auf den Erwerb akademischer Lorbeeren erpicht war, sondern sich gänzlich seiner politischen Aufgabe widmete und chinesische Seeleute im Hamburger Hafen politisierte – wenn er denn in der Stadt war. Ob er die Studiengebäude überhaupt von innen kannte, darf bezweifelt werden. In der NS-Zeit stieg die Zahl chinesischer Studenten.[125] Während „jüdische" Studenten wie auch andernorts vom Studium ausgeschlossen wurden, war die Leitung der Universität – die offiziell in „Hansische Universität" umbenannt wurde – an dem Studium von Ausländern in Hamburg sehr interessiert. Die ausländischen

Die Hamburger Universität und chinesische Studierende

Blick auf den östlichen Flügel des Hauptgebäudes der Universität Hamburg (Foto 2011), früher Sitz des 1908 gegründeten Kolonialinstituts. Das Kolonialinstitut beherbergte seit 1909 ein Seminar für „Sprachen und Kultur Ostasiens".

Studenten sollten, so die Hoffnung, nach ihrem Studium in Deutschland ein positives Bild des Landes und auch des Nationalsozialismus in ihr Heimatland tragen. So war es denn auch kein Zufall, dass chinesische Studenten in Hamburg und Berlin weit weniger drangsaliert wurden als chinesische Seeleute und Migranten auf St. Pauli.

Im Sommersemester 1936 studierten bereits 23 chinesische Studenten, ausnahmslos Männer, an der Universität und stellten damit sogar die größte Gruppe von Ausländern, gefolgt von 20 amerikanischen und 13 griechischen Studierenden.[126] In Hamburg übte das Mathematische Institut eine besondere Anziehungskraft auf chinesische Studenten aus, angeblich auch, weil hier der Doktortitel vergleichsweise leicht zu erwerben war, wie ein Gerücht in China besagte.[127]

In der Hansestadt kümmerte sich die Akademische Auslandsstelle Hamburg (AKA) um die Betreuung ausländischer Studenten. Sie errichtete 1934 ein deutsch-ausländisches Studentenheim und führte Neuerungen wie einen „Ausländertisch" in der Mensa ein. Ob dies die Kontakte zu Deutschen und die Integration allgemein förderte, wissen wir nicht, es darf jedoch leise bezweifelt werden. Die „Pflege des deutsch-ausländischen Gemeinschaftslebens" hatte jedenfalls eine hohe Priorität, gerade weil sie während der NS-Herrschaft eine positive politische Wirkung entfalten und die ausländischen Studenten positiv beeinflussen sollte. Chinesische Studenten waren jedenfalls häufig sehr beeindruckt vom nationalsozialistischen Deutschland, erblickten sie in ihm doch ein wieder erstarktes Land, das in den vorangegangenen Jahrzehnten und insbesondere im und nach dem Ersten Weltkrieg auf eine Zerreißprobe gestellt worden war; in dieser Hinsicht konnte es durchaus als ein Vorbild für das vom Bürgerkrieg zerrissene China angesehen werden.

Einige chinesische Studenten übernahmen während des Zweiten Weltkriegs und in der unmittelbaren Nachkriegszeit Betreuungsaufgaben für die chinesische Gemeinschaft in Hamburg. King Tsai-hsing studierte seit dem Wintersemester 1936/37 in Hamburg und musste sein Studium 1941 aus Krankheitsgründen unterbrechen. Nach dem Abbruch der diplomatischen Beziehungen im selben Jahr beauftragte ihn Konsul Feng, „die chinesische Kolonie in Hamburg zu betreuen".[128] Mit seinen guten Deutschkenntnissen konnte er chinesischen Seeleuten und Migranten bei Problemen mit den Behörden, die aufgrund des verstärkten Verfolgungsdrucks zunahmen, beistehen und als Vermittler agieren.

In der Nachkriegszeit blieb die Zahl ausländischer Studenten an der Hamburger Universität anfangs recht überschaubar. Im Laufe der Zeit kamen dann chinesische Studenten nach Hamburg, mit durchaus unterschiedlichem Hintergrund. In den 1960er Jahren etwa gelangten Chinesen aus Indonesien nach Hamburg, von denen einige vor Ort studierten. Erst seit den 1970er und 1980er Jahren erhöhte sich dann die Zahl der chinesischen Studenten in Hamburg, unter ihnen auch Chinesen, die nach dem Ende des Vietnamkriegs 1975 als „Boat People" aus Vietnam geflüchtet waren und denen in der Bundesrepublik politisches Asyl gewährt wurde. Nach der Verfolgung der Demokratiebewegung in China nach dem Juni 1989 flohen zudem Tausende chinesischer Studenten nach Europa, von denen auch einige nach Hamburg gelangten.

Die Zahl der chinesischen Studentinnen und Studenten in der Bundesrepublik stieg aus diesen Gründen deutlich an. Im Wintersemester 1982/83 studierten 666 Chinesen an bundesdeutschen Universitäten. 1990/91 waren es dann bereits 4230, 1996/97 4980 und 2001 immerhin schon 14 070.[129] Zudem lebten und arbeiteten mehrere Hundert chinesische Wissenschaftler in der Bundesrepublik.

Die Hamburger Universität kann sich zwar mit manch anderen deutschen Universitäten bezüglich Tradition und Ruhm nicht messen, aber die guten Verbindungen der Stadt zu China förderten auch das Studium von Chinesen vor Ort. Im Sommersemester 2010 studierten 235 Chinesen (inklusive Tibet) an der Hamburger Universität, eine ähnliche Zahl wie in den Jahren zuvor. Zwar sind andere Standorte wie insbesondere die renommierten amerikanischen Universitäten nach wie vor besonders beliebt bei chinesischen Studenten, jedoch haben deutsche Universitäten aufgeholt und besitzen einen guten Ruf. Auch die wissenschaftliche Beschäftigung mit China ist in Hamburg beliebt. Im Wintersemester 2006/07 studierten 269 Personen die Sprache und Kultur Chinas an der Universität, deren zwei sinologische Lehrstühle im Gegensatz zu anderen kleineren Disziplinen, die bisweilen als „Orchideenfächer" belächelt werden, nicht um ihre Existenz bangen müssen. Auch hierin zeigt sich der hohe Stellenwert, den China aktuell in Hamburg genießt. Obgleich die Wirtschaftsbeziehungen ganz im Zentrum stehen – ein kultureller Dialog und gegenseitige Beziehungen wären ohne ein Wissen um die eigene und gemeinsame Geschichte undenkbar.

Freilich erlebten und erleben chinesische Studierende in Deutschland nicht selten einen Kulturschock angesichts der beträchtlichen gesellschaftlichen Unterschiede.[130] Vielen bereitet die Sprache trotz vorhandener Vorkenntnisse große Probleme, was auch im umgekehrten Fall bei Deutschen in China zu Beginn ihres Aufenthalts häufig festzustellen ist. Deutschland ist für viele dieser jungen Studierenden in der Tat ein „fremdes" Land, an das sie sich allmählich gewöhnen müssen. In Hamburg wird dieses Gefühl ebenso empfunden, auch wenn es hier etwas abgefedert wird vom großstädtischen und „internationalen" Charakter der Stadt, verglichen mit kleineren Universitätsstandorten und ihrer stark ausgeprägten „deutschen" Atmosphäre. In der Regel kehren chinesische Studierende nach dem Studium wieder nach China zurück, um dort Karriere zu machen.

Die Erfahrung der Fremde während ihrer Zeit in Deutschland hilft vielen auf ihrem späteren Lebensweg, dies lässt sich bereits an der frühen Generation chinesischer Studenten in Deutschland zu Beginn des 20. Jahrhunderts erkennen. Seinerzeit war China noch ein zerrissenes Land, von kolonialer Einflussnahme und Bürgerkrieg destabilisiert, heute ist es hingegen eine etablierte Wirtschaftsgröße und eine zunehmend wichtige politische Macht auf der Weltbühne. War den chinesischen Studenten vor rund einhundert Jahren wichtig, sich im Ausland gut ausbilden zu lassen, um dann in China am Aufbau des Landes mitzuwirken, so hat sich dies in unserer Zeit spürbar verschoben. Die persönliche Karriere des Einzelnen spielt – wie auch in den westlichen Ländern – eine deutlich größere Rolle.

Chinesische Studierende sind heute oftmals gut integriert, ein Beispiel dafür ist Li Feng. Er wurde 1982 in Nanjing geboren und arbeitete in China als Wirtschaftsjournalist. Über einen persönlichen Kontakt gelangte er nach Hamburg und studiert hier auf einen Master International Business Administration (MiBA). Seit dem Wintersemester 2008/09 ist er im ASTA-Ausländerreferat tätig und organisiert interkulturelle Aktivitäten, seit 2009 arbeitet er zudem am Konfuzius-Institut. Er ist der chinesischen Kultur eng verbunden, praktiziert Kung Fu und Tai Chi, dennoch empfindet er in Hamburg kein Heimweh und fühlt sich sehr wohl in der Stadt. Kehren wir noch einmal kurz zur Sinologie in Hamburg zurück. Das Fach zeigte in der Nachkriegszeit eine deutliche Kontinuität. Fritz Jäger durfte aufgrund seiner NSDAP-Vergangenheit den Lehrstuhl nicht weiter innehaben, 1950 übernahm Wolfgang Franke (1912–2007), der Sohn Otto Frankes, diese Position. Franke etablierte sich als international anerkannter Chinakenner und publizierte unter anderem über die verschiedenen chinesischen Revolutionen, über „China und das Abendland" (1962), 1974 gab er das umfangreiche „China-Handbuch" heraus, welches Land und Kultur Chinas und die deutsch-chinesischen Beziehungen behandelt. Wolfgang Franke war es auch, der sich maßgeblich für die Schaffung eines zweiten sinologischen Lehrstuhls in Hamburg einsetzte. Dieser wurde 1967 eingerichtet und mit dem chinesischen Wissenschaftler Liu Mau-Tsai besetzt – der erste Chinese in Deutschland, der eine solche prestigeträchtige Position einnehmen konnte. Seitdem existieren am Seminar zwei Professuren, die jeweils einen historischen und einen literarischen Schwerpunkt haben und sich somit ergänzen.

Nach der Emeritierung Frankes 1977 wurde Hans Stumpfeldt zu seinem Nachfolger ernannt, der neben seiner wissenschaftlichen Tätigkeit auch die lesenswerten „Hamburger China-Notizen" verfasste, die immer wieder auch die Beziehungen Hamburgs zu China und nicht selten „China in Hamburg" thematisieren. Den zweiten Lehrstuhl in dieser Zeit hatte der bereits erwähnte Bernd Eberstein inne, der auch intensiv über die Beziehungen zwischen Hamburg und China arbeitete.

In den letzten Jahren erlebte dann auch die Sinologie in Hamburg manche Neuerung und Umstrukturierung. 2000 wurde das Asien-Afrika-Institut geschaffen und das Sinologische Institut dort integriert – seitdem firmiert es als „Abteilung für Sprache und Kultur Chinas".

Aber nicht nur an der Universität wurde und wird über China geforscht und gelehrt. 1956 wurde auf Initiative des Auswärtigen

Li Feng, Student der Wirtschaftswissenschaft und Mitarbeiter des ASTA der Universität Hamburg für interkulturelle Aktivitäten und des Konfuzius-Instituts.

Amtes (und des Hamburger CDU-Mitglieds und Bundestagsabgeordneten Paul Leverkuehn) das Institut für Asienkunde in Hamburg gegründet, das sich in den folgenden Jahren und Jahrzehnten als eines der Forschungszentren zu Asien und China in der Bundesrepublik etablieren konnte.[131] Anfangs vom Auswärtigen Amt finanziert, wurde es mit anderen Einrichtungen wie dem Deutschen-Orient-Institut und dem Institut für Afrikakunde in die Stiftung Deutsches Übersee-Institut überführt, an der sich dann auch die Stadt Hamburg finanziell beteiligte. 1969 siedelte das Institut für Asienkunde an die Rothenbaumchaussee um und das Personal wurde aufgestockt, um die Entwicklungen in der Volksrepublik China und die dortige „Kulturrevolution" zu beleuchten – im Rahmen dessen nahm auch Kuan Yu-chien seine vorübergehende Beschäftigung am Institut auf. Trotz einer geographischen Ausdehnung der Untersuchungen auf ganz Asien blieb China der Schwerpunkt der Institutsarbeit. Das Institut legte zahlreiche Publikationen vor und veröffentlicht seit 1972 monatlich die Zeitschrift „China aktuell", die über die hauseigene Arbeit aufklärt und aktuelle Entwicklungen in China beschreibt. Zum 1. Januar 2007 wurde das Institut für Asienkunde schließlich in das Deutsche Übersee-Institut (German Institute of Global and Area Studies, kurz: GIGA) integriert, heute firmiert es als Institute of Asian Studies. Der Sitz des Instituts befindet sich nach wie vor an der Rothenbaumchaussee 32.

Zwischen Hamburg und China existieren eine ganz Reihe von Kooperationen im Bildungsbereich. Die Universität Hamburg bietet etwa einen internationalen Masterstudiengang in International Business and Economics (MIBE) mit einem besonderen Schwerpunkt auf China an. In Zusammenarbeit mit der School of Management an der Fudan-Universität Shanghai studieren die Teilnehmer in dem einjährigen Studiengang sowohl in Hamburg als auch in der chinesischen Partnerstadt. Das Northern Institute of Technology, ein Ableger der TU Harburg, pflegt in seiner praxisbezogenen Ausbildung enge Kontakte zu verschiedenen chinesischen Einrichtungen. Die Hamburger Fakultät Wirtschafts- und Sozialwissenschaften bietet seit 2006 zusammen mit der East China University of Science and Technology einen gemeinsamen Studiengang

Blick in die Mensa im „Philosophenturm" am Von-Melle-Park. Die Universität Hamburg ist heute wie viele andere Universitäten sehr international ausgerichtet und präsentiert sich als „Tor zur Welt der Wissenschaft".

an, in dem deutsche und chinesische Studierende jeweils von beiden Einrichtungen einen Titel erhalten. Die HafenCity Universität Hamburg kooperiert mit der Tongji University Shanghai in Fragen des Studiums von Architektur und Stadtplanung, ein Thema, das in Shanghai gegenwärtig besonders aktuell ist und einflussreiche, wenn auch nicht unumstrittene westliche Architekten wie Meinhard von Gerkan und Albert Speer in die chinesische Metropole lockt. Die Bucerius Law School bot unter anderem zusammen mit dem Pekinger Institute of Law der Chinese Academy of Social Sciences (CASS) Seminare für Studierende zum deutschen und EU-

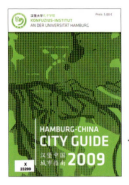

Ein chinesischsprachiger Hamburgführer des Konfuzius-Instituts aus dem Jahr 2009 informiert über Institutionen mit „China-Kompetenz".

Recht an. Weitere Beispiele ließen sich nennen. Sie alle zeigen, dass auch für die Universität internationale Kooperationen in der jüngsten Zeit enorm wichtig geworden sind, um ausländische und auch chinesische Studierende nach Hamburg zu lotsen.

Hamburg möchte seinen China-Schwerpunkt im universitären Bereich weiter vertiefen, ein neueres Beispiel dafür ist die Gründung des Konfuzius-Instituts im Jahr 2007. Ähnlich den deutschen Goethe-Instituten und dem British Council sollen die Konfuzius-Institute chinesische Sprachkurse anbieten und das allgemeine Verständnis für die chinesische Kultur schärfen. Die mittlerweile rund zweihundert Institute werden allerdings nicht komplett vom chinesischen Staat finanziert, sondern suchen die Nähe zu Universitäten, so auch in Hamburg. Neben den Sprachkursen führt das Konfuzius-Institut regelmäßig Veranstaltungen durch wie den monatlichen „Deutsch-Chinesischen Dialog", mit jeweils einem deutschen und einem chinesischen Teilnehmer. Das Institut legt eigene Veröffentlichungen vor wie beispielsweise den erstmals 2009 unter Leitung des Direktors Carsten Krause erschienenen zweisprachigen „Hamburg-China City Guide", in dem die Beziehungen Hamburgs zu China skizziert und in einem handlichen Format zahlreiche Adressen und Ansprechpartner aufgelistet werden.[132] Die Broschüre ist ein hilfreicher Leitfaden für die Orientierung von Chinesen in Hamburg, führt aber auch die in Hamburg vorhandene China-Kompetenz vor Augen.

Auch in der Wissenschaft dreht sich aktuell vieles um China. Das Jahr 2009/10 wurde zum Deutsch-Chinesischen Jahr der Wissenschaft und Bildung ernannt, in dem bundesweit zahlreiche Veranstaltungen stattfanden. Zwischen März 2009 und Juni 2010 organisierte das Bundesministerium für Bildung und Forschung über 150 Diskussionsveranstaltungen, Workshops und Delegationsreisen, die Deutsche und Chinesen zusammenbrachten. 47 deutsche Universitäten richteten China-Wochen aus. Ein Höhepunkt fand jedoch in Hamburg statt: Die Abschlussveranstaltung wurde am 25./26. Juni 2010 mit den „Großen China-Tagen an der Uni Hamburg" in Zusammenarbeit mit dem Deutschen Akademischen Auslandsdienst (DAAD) durchgeführt. „Warum China?" stand im Mittelpunkt verschiedener Vorträge.

An den vielfältigen deutsch-chinesischen Kooperationen zeigt sich, dass die heutige Universitätslandschaft ohne internationale, möglichst globale Kontakte kaum auskommen kann. Hamburg kann dabei seine historischen Verbindungen durchaus in die Waagschale werfen – die spezifisch hamburgische Geschichte wird mit dem Leitmotto der Universität als „Tor zur Welt der Wissenschaft" entsprechend hervorgehoben. Gerade auch die Zusammenarbeit in der Wissenschaft zeigt die Akzeptanz Chinas als gleichberechtigter Partner.

Die politischen Beziehungen und chinesische Diplomaten

Das deutsch-chinesische Verhältnis war eng mit der weltpolitischen Entwicklung verbunden, im Laufe des 19. und 20. Jahrhunderts veränderte es sich immer wieder. Nach der Gründung des Deutschen Kaiserreiches 1871 stieg Deutschland zu einer der führenden Industrienationen auf und demonstrierte nur wenig später auch seine politische Macht in der Welt. „Weltpolitik" und Imperialismus sollten dies dem Ausland vor Augen führen und riefen mit ihrem Säbelrasseln nicht wenig außenpolitische Verstimmung hervor. Mit dem Erwerb der afrikanischen Kolonien Deutsch-Südwestafrika (heute: Namibia), Deutsch-Ostafrika (heute: Tansania), Togo und Kamerun etablierte sich das Deutsche Reich als Kolonialmacht. Einige Jahre später streckte Deutschland seine Finger nach China aus und besetzte, wie bereits erwähnt, 1897 Kiautschou (Jiaozhou) in der Provinz Shandong, das eine „Musterkolonie", vielleicht sogar ein „deutsches Hongkong" werden sollte. Im Gegensatz zu den hochtrabenden Plänen und den immensen Investitionen arbeitete dort allerdings nur ein deutsches Unternehmen lukrativ – die Germania-Brauerei.

Als Deutschland in die Gruppe der in China agierenden europäischen Kolonialmächte eintrat, belastete dies das deutsch-chinesische Verhältnis und schürte den Nationalismus in China. Dennoch blickte manch chinesischer Politiker und Intellektueller interessiert nach Deutschland, war der Aufstieg des Kaiserreichs doch sehr imposant und schien so manche Lehre für das krisengeschüttelte Chinesische Reich bereitzuhalten. Einer dieser Politiker war Li Hongzhang (1823–1901), der zu den führenden Staatsmännern der späten Qing-Dynastie gehörte. Li bereiste 1896 Europa und auch Deutschland. Am 25. Juni fuhr er nach Hamburg und besuchte von hier aus den ehemaligen Reichskanzler Otto von Bismarck auf Schloss Friedrichsruh im Sachsenwald. Die beiden verdienten Staatsmänner begegneten sich mit Sympathie, und Li durchlief während seines Aufenthalts ein Besuchsprogramm mit Hafenrundfahrt und Festessen.

In den folgenden Jahren sollten immer wieder chinesische Politiker nach Hamburg kommen, die freundlich empfangen und denen mit großem Stolz die ausgedehnten Anlagen des Hamburger Hafens vorgeführt wurden. Um 1900 waren dies jedoch häu-

Die politischen Beziehungen und chinesische Diplomaten

Li Hongzhang, General und bedeutender Staatsmann der späten Qing-Dynastie, besuchte 1896 im Rahmen seiner Europareise den ehemaligen Reichskanzler Otto von Bismarck auf dessen Anwesen im Sachsenwald. Bismarck hatte als „Reichsgründer" des Deutschen Kaiserreichs (1871) einen sehr positiven Ruf in China, das Ende des 19. Jahrhunderts regelmäßig von Krisen geschüttelt wurde und dessen Monarchie 1911 zusammenbrechen sollte.

fig keine Treffen auf Augenhöhe, sondern es spiegelte sich darin die koloniale Hierarchie wider, die man aus Sicht der Chinesen sogar provokativ betonte. Nach der Niederschlagung des Boxeraufstands und der vorangegangenen berüchtigten „Hunnenrede" Wilhelms II., in der er seinen Soldaten auf den Weg gab, „kein Pardon" gegenüber den Chinesen zu geben, sollte das Chinesische Reich demonstrativ Abbitte leisten, gewissermaßen einen Kotau vor dem deutschen Herrscher machen. Der bemitleidenswerte „Sühne-Prinz" Chun musste 1901 diesen Gang nach Canossa antreten; er besuchte neben Berlin auch Hamburg, wobei es

während der Reise zu einigen Verzögerungen und Pannen kommen sollte, was die Presse teilweise genüsslich auswälzte.
Ein Redakteur des sozialdemokratischen „Hamburger Echos" kritisierte beispielsweise die ganze Sühnemission, Sozialdemokraten standen der deutschen Kolonialpolitik ohnehin feindlich gegenüber. Er schlug vor, ihn durch einen anderen Chinesen zu ersetzen. „Prinz oder nicht Prinz – schlitzäugig sind alle Chinesen – und ob der Zopf ein paar Centimeter länger oder kürzer ist, darauf kommt es doch nicht an. Mein Vorschlag geht aber dahin, in St. Pauli irgend einen herumstrolchenden John Chinaman aufzugreifen, ihn sauber zu waschen und in prinzlich-gelbe Gewänder zu hüllen, alsdann ihm eine Sühnerede so lange vorzubeten, bis er sie auswendig kann, und schließlich ihn nach Berlin zu führen, wo er die Stelle des Prinzen auszufüllen hat. Die Chinesen sind anspruchslos und mit ein paar hundert Mark wäre das ganze Vergnügen leicht in Szene zu setzen. Wer würde denn merken, daß es kein Prinz ist, der vorgeführt wird? In St. Pauli trifft man ganze Rudel von Chinesen und man braucht ja nicht grade den intelligentesten auszuwählen."[133] Das Zitat verdeutlicht, was für ein Überlegenheitsgefühl nicht nur bei den deutschen Eliten bestand, sondern auch in der Arbeiterbevölkerung und bei ihrer Presse anzutreffen war.
Bereits vor dem Ersten Weltkrieg kamen chinesische Delegationen nach Hamburg, die sich insbesondere für wirtschaftliche und militärische Belange interessierten und in der Regel den Hamburger Hafen in Augenschein nehmen wollten. Zu Beginn des Jahres 1910 weilte beispielsweise eine chinesische Militärkommission in der Stadt, die auch die Werft von Blohm + Voss besichtigte und einiges Aufsehen in der Stadt erregte. Trotz des typischen Hamburger „Schietwetters" beobachteten zahlreiche Schaulustige das Eintreffen der „exotischen Gäste"[134] im Rathaus, dessen Speisesaal eigens für die chinesischen Besucher geschmückt worden war. „Die herrliche Tafeldekoration war in Gelb, der chinesischen Nationalfarbe, gehalten. Gelbe Mimosen und gelbe Tulpen waren mit duftenden Maiblumen zu prachtvollen Buketts gebunden, die die prunkvollen Vasen und Schalen aus dem Silberschatz des Rathauses füllten."[135] Bei diesen Empfängen verbanden sich außen-

Nach der Niederschlagung des Boxeraufstands musste China einen Vertreter nach Deutschland entsenden, der sich offiziell bei Wilhelm II. in Berlin entschuldigen sollte. Der bemitleidenswerte „Sühne-Prinz" Chun besuchte auf seiner Reise auch Hamburg (1901).

politische und wirtschaftliche Interessen und eine Hamburger Standortpolitik, es galt die eigene Stadt aufzuwerten und einheimische Unternehmen zu fördern.

Das Ende der Qing-Dynastie 1912 und die Gründung der Chinesischen Republik stellen eine Zäsur in der chinesischen Geschichte dar. Das jahrtausendealte Reich war damit untergegangen und machte einer neuen Staatsform Platz. Nur wenig später sollte das deutsch-chinesische Verhältnis auf die Probe gestellt werden, insbesondere während des Ersten Weltkriegs. Deutschland nahm am 1. Februar 1917 den uneingeschränkten U-Boot-Krieg auf. Noch im selben Monat, am 24. Februar 1917, versenkte ein deutsches U-Boot im Mittelmeer den französischen Dampfer „Athos" – neben französischen Soldaten ertranken dabei auch 543 chinesische Vertragsarbeiter. Die USA übten zu dieser Zeit Druck auf neutrale Staaten aus, damit diese die diplomatischen Beziehungen zu Deutschland abbrachen. Nach heftigen internen Debatten erklärte die chinesische Regierung am 14. August 1917 Deutschland den Krieg, in der Hoffnung, die ehemalige deutsche, nun von Japanern besetzte Kolonie Kiautschou zurückzuerhalten. Die deutsche Seite war entrüstet, dass die Alliierten, insbesondere die britische und die französische Armee, rund 150 000 chinesische Arbeiter anwarben und diese nach Europa brachten, wo sie hinter der Front Schanzarbeiten verrichteten oder auch in Munitionsfabriken arbeiteten. In der deutschen Bevölkerung und in der Presse schürte dies Ängste vor einer „gelben Gefahr" und ließ manchen Reporter ein Schreckensszenario zeichnen.[136]

Nach dem Krieg verbesserten sich nach kurzer Zeit die deutsch-chinesischen Beziehungen. Dies zeigte vor allem das bereits erwähnte deutsch-chinesische Abkommen von 1921, das den ersten Vertrag auf Augenhöhe zwischen China und einem westlichen Land überhaupt darstellte und daher eine hohe Symbolkraft besaß. Das Abkommen machte Deutschland in den Augen vieler Chinesen sympathisch, fühlten sich doch beide Länder als Verlierer des Weltkriegs. Die chinesische Regierung hatte es zuvor abgelehnt, den Versailler Vertrag zu unterzeichnen, da die Japaner Kiautschou behalten durften. Deutschland verlor mit der Unterzeichnung des Vertrags von Versailles seine Kolonien, was konservative Kreise ebenso wenig verschmerzten wie die militärische Niederlage und die Gebietsverluste. Im Sommer 1926 fand, um nur ein Beispiel zu nennen, die Hamburger Kolonialwoche statt, die gezielt für die Zurückgewinnung der ehemaligen deutschen Kolonien warb. Chinesische Studenten protestierten im Vorfeld vehement gegen die Veranstaltung, da während des großen Festumzugs auch das deutsche Kiautschou mit einem „Chinawagen" gewürdigt werden sollte. Aufgrund der massiven Proteste seitens der Studenten und der Chinesischen Gesandtschaft in Berlin verzichteten die Veranstalter schließlich auf den entsprechenden Festwagen.

Die deutsch-chinesische Annäherung machte sich auch auf diplomatischer Ebene bemerkbar. 1921 eröffnete ein chinesisches Generalkonsulat in Hamburg.[137] Bis 1925 vertrat der Hamburger Augustus Vorwerk als Honorarkonsul die Chinesische Republik, später wechselten sich mehrere chinesische Diplomaten ab. Seit 1927 leitete Feng das Generalkonsulat, zwischen 1930 und 1933 hieß der Konsul Tang Caijun. Bernd Eberstein schätzt den Einfluss des Konsulats als eher gering ein, nicht zuletzt da auch die Chinesische Gesandtschaft in Berlin sich bei Bedarf regelmäßig für ihre Staatsangehörigen in Hamburg einsetzte, wie es die umfangreichen Unterlagen im Politischen Archiv des Auswärtigen Amtes belegen.

Die Machtübernahme der Nationalsozialisten 1933 belastete das politische Verhältnis, da die NS-Rassenpolitik in China auf lautstarke Proteste stieß; als der chinesische Professor Shen beispielsweise seine deutsche Freundin in Berlin nicht heiraten durfte, wurde das mit viel Empörung bedacht. Nach einiger Zeit glätteten sich jedoch die Wogen, und auch während der 1930er Jahre besuchten chinesische Botschafter, Politiker und Kommissionen die Hansestadt. Am 14. Juni 1934 reiste der chinesische Gesandte Liu Chung Chieh von Berlin nach Hamburg und wurde hier von offiziellen Vertretern, Mitgliedern des Ostasiatischen Vereins und der chinesischen Kolonie willkommen geheißen.[138] Der Hamburger Senat nutzte den Anlass, wieder einmal für den Handelsstandort Hamburg zu werben; der Regierende Bürgermeister (wie der Titel ab jetzt lautete), Carl Vincent Krogmann, betonte beim anschließenden Treffen, es sei die „besondere Mission" Hamburgs, wirtschaftliche Beziehungen und kulturellen Austausch mit dem Ausland zu pflegen. Krogmann proklamierte in seiner Rede sogar eine „geistige Verwandtschaft" zwischen Deutschen und Chinesen, da beide Nationen ausgiebig Handel trieben und dabei doch „ehrbare Kaufmänner" seien (was eine Spitze gegen die Engländer sein sollte, denen man Letzteres absprach).

Im Gegenzug lud Generalkonsul Chang regelmäßig Hamburger Politiker und das diplomatische Corps der Stadt zu gesellschaftlichen Empfängen ein. Der Tee-Empfang des chinesischen Generalkonsuls Mitte Dezember 1938 im Hotel Atlantic war ein solches Ereignis, das zu einem Zeitpunkt stattfand, als sich die deutsch-chinesischen Beziehungen wegen der deutschen Hinwendung zu Japan bereits spürbar abgekühlt hatten. Neben etlichen ausländischen Diplomaten erschienen auch nationalsozialistische Vertreter, unter ihnen der Hamburger Gestapo-Chef Bruno Streckenbach. Auf dem offiziellen Parkett bemühten sich die Beteiligten um den Anschein normaler Beziehungen.

Seit 1927, als die Kuomintang begann, die aufstrebende Kommunistische Partei zu bekämpfen, herrschte Bürgerkrieg in China. Nachdem die japanische Armee im Herbst 1931 die Mandschurei im Norden Chinas erobert und das dortige Gebiet im März 1932 zu einem eigenständigen Staat namens Mandschukuo (Manzhouguo) erklärt hatte, sowie nach dem weiteren Vordringen der Japaner in China und der von ihnen eingesetzten Marionettenregierung unter Jingwei in Nanking, existierten damit „drei Chinas": der Einflussbereich der Kuomintang unter Chiang Kai-shek, das japanisch eroberte Gebiet und das von den Kommunisten kontrollierte Gebiet. Die Kommunisten gerieten Mitte der 1930er Jahre in die Defensive und versuchten, sich mit dem „Langen Marsch" aus der Umklammerung der Kuomintang zu befreien. Der Bürgerkrieg sollte erst 1949 ein Ende finden, als Chiang Kai-shek mit rund zwei Millionen Anhängern auf die Insel Taiwan (das frühere Formosa) flüchtete und die Kommunisten am 1. Oktober 1949 die Volksrepublik China ausriefen. Damit war China – wie auch Deutschland – in der Folge politisch gespalten und in zwei strikt voneinander isolierte politische Systeme aufgeteilt.

In den Jahren nach dem Zweiten Weltkrieg hatten noch eine chinesische Militärmission in Berlin und in Hamburg eine chinesische Kommission und ein Konsulat der Chinesischen Republik existiert. Dessen Gesandter, Hsueh Wei-yuan, setzte sich intensiv für die Belange der in Hamburg verbliebenen chinesischen Staatsangehörigen ein und bemühte sich um „Wiedergutmachung" für ihre Verfolgung während der NS-Zeit.[139] Anfang 1950 schlossen das chinesische Konsulat in Hamburg und wenig später auch die chinesische Militärmission in Berlin ihre Tore. Danach sollte es für lange Zeit keine offiziellen diplomatischen Beziehungen zwischen der Bundesrepublik Deutschland und der Volksrepublik sowie der Republik China (*Whonghua Minguo*, Taiwan) mehr geben. In Deutschland hießen beide Staaten in der Sprache des Kalten Krieges auch „Nationalchina" beziehungsweise „Rotchina".

Taiwan bemühte sich intensiv um die Anerkennung seitens der Bundesrepublik, doch blieb die Bundesregierung bei ihrer äußeren Neutralität.[140] In Wirklichkeit stand hinter dem Neutralitätskurs gegenüber China die Sorge, eine Anerkennung Taiwans könnte einen wirtschaftlichen Schaden gegenüber der Volksrepublik bewirken. Eigentlich wäre die Unterstützung Taiwans im Kalten Krieg politisch opportun gewesen, schließlich unterstützten auch die USA das Land massiv. Der Ostasiatische Verein betrieb diesbezüglich eine intensive Lobbyarbeit, damit im Handel mit der

Volksrepublik China aktive westdeutsche Firmen nicht benachteiligt würden. Nach der Hochzeit des Kalten Krieges in den 1960er Jahren und der Abschottung der Volksrepublik China, nicht zuletzt durch die „Kulturrevolution" 1966 bis 1976, änderte sich das politische Klima. Anfang der 1970er Jahre näherten sich die USA und die Volksrepublik außenpolitisch langsam an, was auch auf die deutsch-chinesischen Beziehungen abfärben sollte. Helmut Schmidt unterstützte Bundeskanzler Willy Brandt darin, auf die Volksrepublik zuzugehen. Die Aufnahme der politischen Beziehungen 1972 sollte sich auch auf die gegenseitigen Wirtschaftsbeziehungen nachhaltig positiv auswirken. Da die Volksrepublik eine strikte „Ein-China-Politik" verfolgte, erkannten nur wenige Staaten die Republik China (Taiwan) offiziell an; auch die Bundesrepublik blieb ihrer Linie treu und ignorierte Taiwan.

Insbesondere in den Jahren 1978 und 1979 begann die Volksrepublik unter Deng Xiaoping eine neue Politik der Reform und der Öffnung gegenüber dem Ausland. 1979 reiste erstmals eine Delegation des Hamburger Senats nach China, geleitet vom damaligen Wirtschaftssenator Jürgen Steinert und begleitet von Vertretern der Hamburger Wirtschaft. Im Oktober desselben Jahres besuchte wiederum der damalige chinesische Ministerpräsident Hua Guofeng Hamburg, in den folgenden Jahren intensivierten sich die politischen Kontakte beträchtlich. Dazu Bernd Eberstein: „Welch geradezu unglaubliches Ausmaß die Besuche chinesischer Delegationen in Hamburg im Vergleich zu früheren Zeiten annahm, läßt sich am besten durch einige Zahlen verdeutlichen: Während vor dem Ersten Weltkrieg gerade vier Delegationen aus China nach Hamburg kamen und es zwischen den Kriegen auch nicht mehr als insgesamt etwa zwölf waren, sind allein von 1985 bis Mitte 1988 nicht weniger als etwa 700 Delegationen gekommen."[141]

Die politischen und wirtschaftlichen Beziehungen wurden nun innerhalb weniger Jahre auf verschiedene Weise institutionalisiert. Im Mai 1984 wurde das chinesische Generalkonsulat eröffnet, womit nach Jahrzehnten wieder eine diplomatische Vertretung Chinas in der Hansestadt existierte. Heute befindet sich das Konsulat in repräsentativer Lage in der Elbchaussee 268. Hamburg knüpfte intensive Beziehungen mit Shanghai, der chinesischen Metropole, die sich bereits früh für westliche Einflüsse geöffnet hatte und ein Symbol der Modernisierung Chinas war und immer noch ist.[142] Am 29. Mai 1986 unterzeichneten im Kaisersaal des Hamburger Rathauses der Oberbürgermeister von Shanghai (und spätere Staatspräsident der Volksrepublik) Jiang Zemin und Hamburgs Erster Bürgermeister Klaus von Dohnanyi die Vereinbarung über die Partnerschaft der beiden Städte. In der Erklärung heißt es: „Beide Städte sind bereit, auf der Grundlage der gegenseitigen Achtung, der Gleichberechtigung und des gegenseitigen Nutzens die Zusammenarbeit und den Austausch in den Bereichen Wirtschaft, Wissenschaft, Technik, Kultur usw. in vielfältigen Formen schrittweise zu erweitern."

Hamburg und Shanghai verbindet trotz der großen Entfernung von rund 12 000 Kilometern viel, beide Städte sind bedeutsame Drehscheiben des weltweiten Handels und verfügen über wichtige Häfen. Daneben verstehen sie sich beide als „Tor zur Welt" und inszenieren sich in der Außendarstellung bewusst in diesem Sinne, um das wirtschaftliche Profil auch im Marketing zu verfestigen. Shanghai mit seinen über 19 Millionen Einwohnern und seiner dynamischen Entwicklung überragt dabei Hamburg um einiges, die Metropole ist zu einem populären Symbol für den chinesischen Weg in die Globalisierung geworden. Städtepartnerschaften sind ein probates Mittel, um die jeweilige Bevölkerung sich begegnen zu lassen und Fremdes einander näherzubringen. Dies war zuvor ähnlich mit der deutsch-französischen Versöhnung in der Nachkriegszeit erfolgt, als zahlreiche westdeutsche Kommunen Kontakte zu französischen Partnern aufnahmen. Hamburg schloss bereits 1958 eine Städtepartnerschaft mit Marseille, welche die erste dieser Art war und nicht zufällig eine bedeutende ausländische Hafenstadt betraf.

Die Städtepartnerschaft mit Shanghai vertiefte Hamburgs Beziehungen zu China. Die Kontakte beschränkten sich nun nicht auf die Politik, sondern bezogen auch die Bevölkerung mit ein, wie es die Vereinbarung vorsah. Dass die Städtepartnerschaft mehr als ein bloßes Dokument war, sollte sich alsbald zeigen. Nach der Unterzeichnung setzte ein reger Austausch mit gegenseitigen Besu-

Die politischen Beziehungen und chinesische Diplomaten

chen ein. Damit auch breitere Bevölkerungskreise das jeweils andere Land und seine Kultur kennenlernten, wurde 1987 unter anderem ein Programm für den Schüleraustausch zwischen Hamburg und Shanghai eingeführt.

Das deutsch-chinesische Verhältnis verbesserte sich jedoch keineswegs beständig, sondern wurde auch von politischen Ereignissen und nicht zuletzt von der chinesischen Innenpolitik mitbestimmt. Am 4. Juni 1989 wurde die studentisch geprägte Demokratiebewegung in China blutig niedergeschlagen, was in Deutschland als „Massaker auf dem Platz des Himmlischen Friedens" in den Sprachgebrauch einging. Studenten hatten den zentralen Tiananmen-Platz in Peking besetzt gehalten, um ihre Forderung nach einer Demokratisierung des Landes zu untermauern. Bei dem gewaltsamen Vorgehen von Polizei und Armee fand eine unbestimmte Zahl von Menschen den Tod (Schätzungen sprechen von mehreren Hundert bis zu 3000 Todesopfern), viele Beteiligte wurden anschließend inhaftiert oder mussten das Land verlassen.[143] Die Bundesregierung fror die Beziehungen ein, und auch die Verbindungen zwischen Hamburg und Shanghai ruhten für einige Zeit.

Erst nach Jahren normalisierte sich das deutsch-chinesische Verhältnis allmählich, und gegenseitige Besuche von Politikern fanden wieder statt. Angesichts der steigenden wirtschaftlichen Bedeutung Chinas setzten sich alle Ersten Bürgermeister Hamburgs seit den 1980er Jahren für gute Beziehungen mit China und insbesondere mit der Partnerstadt Shanghai ein, sei es Klaus von Dohnanyi (1981–1988), Henning Voscherau (1988–1997), Ortwin Runde (1997–2001) und insbesondere auch Ole von Beust (2001–2010) – siehe dazu auch das Kapitel „Hamburg als China-Zentrum".[144] Bereits 1986 bezeichnete „Der Spiegel" die Pläne des Hamburger Senats, die Hansestadt als Brückenkopf Deutschlands für den Handel mit Ostasien zu etablieren, als „Hamburgs neue Traumrolle" – und erklärtes Ziel der städtischen Politik.[145] Dabei stand zu jener Zeit auch Japan in einem besonderen Fokus, existierten 1986 doch bereits 150 Vertretungen japanischer Firmen in Hamburg.

In den 1990er Jahren machte der Begriff „Globalisierung" Karriere und stieg zum Signum einer neuen Epoche auf. Nach dem

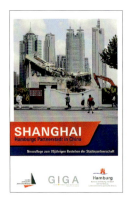

Titelbild der Broschüre der Landeszentrale für politische Bildung zum 20-jährigen Jubiläum der Städtepartnerschaft Hamburg – Shanghai (2006).

Die politischen Beziehungen und chinesische Diplomaten

Das Teehaus Yu Yuan („Garten des Friedens und der Gesundheit"), ganz in der Nähe des Völkerkundemuseums gelegen. Die Stadtregierung von Shanghai vermachte Hamburg 2007 das nach einem historischen Vorbild errichtete Gebäude. Das Teehaus ist heute eines der bekanntesten Zeichen für die gemeinsame Städtepartnerschaft.

Ende des Systemkonflikts zwischen West und Ost veränderte sich die Welt dramatisch, hinzu kamen neue Kommunikationstechniken wie Mobiltelefone und das Internet, die die weltweite Vernetzung verstärkten. Trotz gelegentlicher politischer Verstimmungen etwa nach der Niederschlagung der Demokratiebewegung oder dem gewaltsamen Vorgehen in Tibet intensivierten sich die Beziehungen zwischen Hamburg und China, insbesondere im vergangenen Jahrzehnt. Die Städtepartnerschaft zwischen Hamburg und Shanghai war dabei eindeutig der Motor und ermöglichte zahlreiche Anknüpfungspunkte. Im Jahr 2006 feierten beide Städte das 20-jährige Bestehen dieser Partnerschaft.[146] Viele Veranstaltungen wie insbesondere die „China Time" führten die gewachsenen Verbindungen vor Augen und informierten über Themen aus Politik, Wirtschaft und Kultur.

Als Zeichen der engen Verbindungen beschloss die Shanghaier Regierung 2007, Hamburg ein chinesisches Teehaus nach dem historischen Vorbild des Yu Yuan Teehauses zu schenken. Das Original steht in einem Garten in Shanghai, wurde zwischen 1559 und 1577 errichtet und 1961 der Öffentlichkeit erneut zugänglich gemacht. Das Teehaus, „Yu" heißt „Frieden und Gesundheit" und „Yuan" steht für „Garten", befindet sich inmitten eines Sees und ist über eine Brücke zu erreichen. Garten und Teehaus bilden eine große Attraktion für ausländische und chinesische Touristen und stellen eines der wenigen Zeugnisse der alten chinesischen Kultur im modernen Shanghai dar.

Das in Hamburg neu errichtete Teehaus Yu Yuan ist eines der prominentesten Zeichen von „China in Hamburg". Es soll ganz gezielt die engen politischen und wirtschaftlichen Beziehungen zwischen beiden Städten symbolisieren. Es steht für die chinesische Kultur und ihre lange Geschichte, bietet damit einen historischen Bezugspunkt und vermittelt ein Gefühl von Tradition. Für die Hamburger Bevölkerung verdeutlicht das Teehaus die kulturelle Tradition Chinas, die sich auch in der global vernetzten Welt nicht auflöst.

China war schon lange ein wichtiger Faktor für die deutsche Politik. Die weltpolitischen Entwicklungen wie die Weltkriege und der Kalte Krieg belasteten immer wieder das deutsch-chinesische Verhältnis. Im frühen 21. Jahrhundert scheint nun eine gewisse Stabilität in die gegenseitigen Beziehungen einzuziehen, wenngleich politische Krisen nach wie vor das Klima beeinflussen. Die direkte Verbindung zwischen Hamburg und Shanghai hat sich aus Hamburger Perspektive jedenfalls günstig auf die politischen und auch auf die wirtschaftlichen Beziehungen ausgewirkt.

Chinesische Wirtschaftsunternehmen in Hamburg

Bereits im frühen 20. Jahrhundert waren deutsche Handelshäuser in China aktiv und vertrieben vor Ort europäische Waren oder exportierten chinesische Produkte nach Deutschland und Europa.[147] Der deutsch-chinesische Friedensvertrag von 1921 wirkte sich günstig auf die wirtschaftlichen Beziehungen aus, da er Deutschland in China einen spürbaren Sympathiebonus einbrachte. Gleichwohl verliefen die wirtschaftlichen Beziehungen bis in die 1930er Jahre noch sehr ungleichgewichtig, da europäische Handelshäuser in den chinesischen Vertragshäfen den Außenhandel dominierten und oftmals sogar den Binnenhandel bestimmten. Eine chinesische Konkurrenz konnte sich in jener Zeit gegen die etablierten europäischen Handelshäuser kaum durchsetzen, da diese über einen großen Erfahrungsvorsprung und weltweite Beziehungen verfügten. Bereits kurz nach Ende des Ersten Weltkriegs waren Handelshäuser wie Jebsen & Jessen, Siemssen & Co. und Carlowitz & Co. wieder an ihre alten Standorte in China zurückgekehrt. Zudem hatten weitere deutsche Kaufleute wie der Hamburger Kaufmann Hans Hüpeden, der im englischen Handelshaus Jardine, Matheson & Co. in Hongkong gearbeitet hatte, 1918 ein eigenes Geschäft eröffnet. In enger Kooperation mit englischen Geschäftspartnern vertrieb Hüpeden europäische Textilien und Metallwaren in China.

Als wenige Jahre später die Nationalsozialisten die Macht übernahmen, verfolgten viele Auslandsdeutsche mit Genugtuung den „Aufstieg" des nationalsozialistischen Deutschlands und die außenpolitischen Erfolge. Aus der Entfernung ließ sich der verbrecherische Charakter des NS-Regimes vielleicht nicht so gut wie aus der Nähe erkennen, vielleicht wollten dies die „Auslandsdeutschen" – um die sich die Nationalsozialisten eifrig bemühten und die als Fahnenträger des „Deutschtums" im Ausland auftreten sollten – jedoch auch nicht sehen und hören. Sehr bald schon übernahm auch in China, insbesondere in Shanghai, die deutsche Kolonie Symbole des Nationalsozialismus und gründete eine Ortsgruppe der NSDAP.[148]

Doch gab es im frühen 20. Jahrhundert neben den vielen deutschen Kaufleuten in China eigentlich auch chinesische Händler in Hamburg? Einige wenige chinesische Kaufleute lebten bereits vor

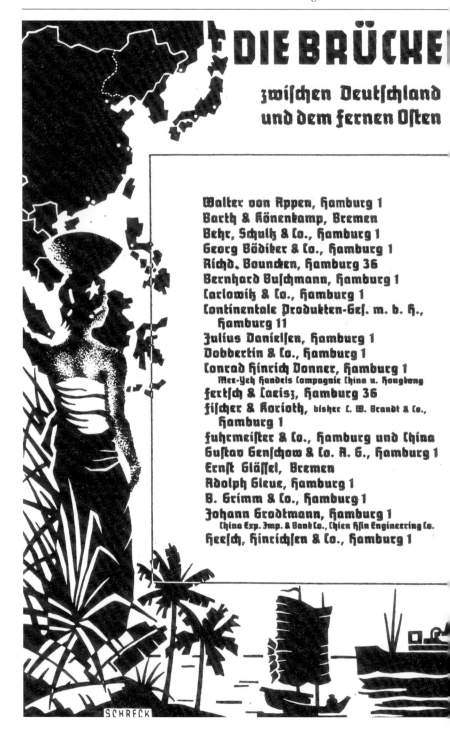

DIE BRÜCKEN
zwischen Deutschland und dem fernen Osten

Paul Hell, Hamburg 36
Heyn, Bröckelmann & Co., Hamburg 1
Hüpeden & Co., Hamburg 1
C. Illies & Co., Hamburg 1
Ernst Komrowski & Co., Hamburg 1
Kulenkampff & Konitzky, Bremen
Kunst & Albers, Hamburg 1
C. Melchers & Co., Bremen
Arnold Otto Meyer, Hamburg 1
Norddeutsche Ueberseegesellschaft
   in Hamburg m. b. H., Hamburg 8
Christian Poggensee, Hamburg 1
Reis- und Handels-Aktiengesellschaft,
   Bremen und Hamburg
Julius Riecken, Hamburg 1
Eduard Ringel & Co., Hamburg 1
Sander, Wieler & Co., Hamburg 1
Schnabel, Gaumer & Co., Hamburg 11
Siemssen & Co., Hamburg 1
   Siemssen & Co., China / Windsor & Co., Bangkok
Simon, Evers & Co. G. m. b. H., Hamburg 1
   A. R. C. Leybold Shokwan, Japan / Manchoukuo
August Warnecke, Hamburg 1
J. Winckler, Hamburg 36

Gemeinsame Annonce Hamburger Handelshäuser zum China- und Japangeschäft in der Ostasiatischen Rundschau (1938). Die „Brücke" ist ebenso wie das „Tor" ein beliebtes Bild für Hamburgs Verbindungen mit der Welt.

dem Zweiten Weltkrieg in der Hansestadt, auch wenn ihre Zahl im Vergleich zu den deutschen Kaufleuten in China verschwindend gering war. Chinesen wollten ebenso wie Kaufleute aus anderen Nationen (etwa Skandinavier, Südeuropäer, Südamerikaner oder auch Perser/Iraner) den Standortvorteil des Hamburger Hafens für ihre wirtschaftliche Betätigung nutzen. Der deutsch-chinesische Vertrag von 1921 hatte die Möglichkeiten dazu explizit eröffnet: „Staatsangehörigen einer der beiden Republiken, die in dem Gebiete der anderen sich aufhalten, steht es frei, in Übereinstimmung mit den Gesetzen und Verordnungen des Landes zu reisen, sich niederzulassen und Handel oder Industrie zu betreiben an allen Orten, wo Staatsangehörige einer anderen Nation es tun können."[149]

Aber erst Mitte der 1930er Jahre ließ sich mit Wu Gai Ling, der in der Langen Reihe 92 in St. Georg ansässig war, einer der wenigen chinesischen Kaufleute in Hamburg nieder.[150] Er orderte größere Mengen an Porzellan aus China und Japan und verkaufte sie in Hamburg an Landsleute. Angesichts der von den Nationalsozialisten verschärften Devisenbestimmungen geriet er ins Visier der Ermittler in Hamburg, die solche Warensendungen als ungewöhnlich ansahen. „Nach seinen Angaben besteht seine Tätigkeit in dem Import von chinesischem Porzellan, das er an seine Landsleute innerhalb Deutschlands weiter verkauft, teils auch gegen Nachnahme, teils auf Kredit." Wie in anderen westeuropäischen Großstädten, namentlich Paris, Amsterdam und Berlin, versorgten auch in Hamburg chinesische Importeure die Händler aus Qingtian mit Ware, die diese dann auf der Straße und auf Märkten aus ihren Koffern heraus weiterverkauften. Doch die chinesischen Großhändler blieben eine Ausnahme und erweckten ein gehöriges Misstrauen aufseiten der Behörden. Während die Existenz deutscher Kaufleute in China als selbstverständlich galt, sah dies im umgekehrten Fall deutlich anders aus.

Nach dem Zweiten Weltkrieg wollten deutsche und Hamburger Kaufleute an die alten Wirtschaftsbeziehungen anknüpfen. Allerdings hatten sich mit der Gründung der Volksrepublik China im Oktober 1949 die Voraussetzungen deutlich verschoben, was einen Warenaustausch erschwerte. Um diesbezügliche Probleme zu lösen, gründete sich im Oktober 1952 der „Ost-Ausschuß der Deutschen Wirtschaft", in dem unter anderem auch der Ostasiatische Verein vertreten war. Es bildete sich ein „Arbeitskreis China" heraus, der es sich zur Aufgabe machte, die Rahmenbedingungen des bundesdeutschen Handels mit beiden Chinas, Taiwan und der Volksrepublik, abzusichern und zu verbessern. Die Bemühungen vonseiten der Wirtschaft blieben nicht erfolglos, das Handelsvolumen stieg trotz der erschwerten politischen Bedingungen kontinuierlich. So betrug der Gesamtwert der getauschten Waren und Produkte 372 Mio. DM im Jahr 1957/58, 1972 belief er sich schon auf 875 Mio. DM.

Die Aufnahme Chinas in die Vereinten Nationen und der Beginn der diplomatischen Beziehungen zwischen der Volksrepublik und der Bundesrepublik am 11. Oktober 1972 sollten dann auch die gegenseitigen Wirtschaftsbeziehungen nachhaltig verbessern. Am 5. Juli 1973 unterzeichneten beide Seiten in Bonn einen Handelsvertrag, der für einen Aufschwung des Warenaustauschs sorgte. Die Importe aus der Volksrepublik in die Bundesrepublik stiegen von einem Warenwert von 307 Mio. DM (1973) auf 2,5 Mrd. DM (1985) und erreichten 1990 den Wert von 11,5 Mrd. DM. 1978 lag die Volksrepublik noch auf Platz 32 der Rangliste der Industrienationen der Welt, zwischen 1978 und 1991 stieg das Bruttosozialprodukt Chinas jährlich jedoch um durchschnittlich neun Prozent. Im Laufe des Jahres 2010 löste China Japan als zweitgrößte Volkswirtschaft der Welt ab – vor China liegen damit nur noch die USA.

Das verbesserte politische und wirtschaftliche Verhältnis zwischen der Bundesrepublik und China seit 1972 führte auch dazu, dass sich chinesische Firmen in Hamburg niederließen. Dies geschah vor allem nach dem Ende der Kulturrevolution 1976 und im Zuge der neuen chinesischen Außenhandelspolitik seit den frühen 1980er Jahren. Hamburg wollte seit dieser Zeit zu „Chinas Tor nach Europa"[151] werden und entwickelte sich tatsächlich zum zentralen Standort chinesischer Firmen auf dem Kontinent. 1980 eröffnete eine Repräsentanz des chinesischen Handelszentrums in Europa (China United Trading Corporation) in Hamburg, und im

Februar 1985 wurde in der Hamburger Straße das Gebäude des Handelszentrums eingeweiht. Die Mehrzahl der chinesischen Firmen war und ist im Handelssektor tätig und besteht in der Regel aus kleinen Vertretungen ihrer Mutterkonzerne, in denen meist nur ein bis drei Angestellte, vor allem chinesische Beschäftigte, arbeiten. In Hamburg ließen sich sowohl private als auch chinesische Staatsfirmen nieder, die insbesondere aus den entwickelten Regionen Pekings, Shanghais oder aus der Provinz Shandong kommen. Seit den 1980er Jahren steigt die Zahl chinesischer Firmen in Hamburg kontinuierlich. 1987 existierten in der Stadt lediglich fünf Niederlassungen, 1990 waren es bereits 36, 1995 dann 115, 2000 mit 214 fast noch einmal doppelt so viele. In den vergangenen zehn Jahren wuchs die Zahl weiter an, heute sind es ungefähr vierhundert Niederlassungen.

Die Gründe, weshalb sich Hamburg als das europäische Zentrum für chinesische Firmen herausbilden konnte, sind vielfältig. Die geographische Lage der Stadt und der bedeutende Hafen begünstigen die Entscheidung vieler chinesischer Firmen, sich in der Hansestadt niederzulassen, um von hier aus den europäischen Markt für ihre Produkte zu erschließen. Als die Hamburgische Gesellschaft für Wirtschaftsförderung 2005 eine Umfrage unter den Firmen durchführte, zeigte sich dabei folgendes Meinungsbild: „Die wichtigsten Gründe für den Standort Hamburg sind: die zentrale geographische Lage Hamburgs in Europa (25%), der Umschlag über den Hafen (23%), die Nähe zu den Märkten (17%), die gute Infrastruktur (17%) sowie das umfassende chinesische Netzwerk (16%)."[152] Die Hauptgründe betreffen demnach „harte" Faktoren (Lage und Infrastruktur), aber auch „weiche" wie das bereits vorhandene Netzwerk chinesischer Firmen, Personen und Institutionen.

Trotz der Vorteile, die sich chinesischen Firmen in Hamburg bieten, existieren doch auch immer noch einige Probleme. Die erwähnte Umfrage benennt sie: „Die wichtigsten Wünsche und Anforderungen sind: eine bessere Bereitstellung von Informationen über steuerliche und arbeitsrechtliche Angelegenheiten (29%), eine direkte Flugverbindung zwischen Hamburg und China (23%), schnellere Genehmigungsverfahren von Behörden

(16%)."[153] Chinesische Firmen empfinden die behördlichen Vorschriften und Regelungen bisweilen als undurchsichtig und beklagen die in ihren Augen teilweise übertriebene Bürokratie. Auch eine direkte Flugverbindung zwischen China und Hamburg wird vermisst, wie der Vertreter der chinesischen Kaufleute in Hamburg, Chen Mang, in der Presse betont.[154] Trotz der nach wie vor großen Anziehungskraft Hamburgs für chinesische Unternehmen, die von der Hamburger Politik tatkräftig gefördert wird, bleiben die Voraussetzungen für erfolgreiches Arbeiten in den Augen chinesischer Wirtschaftsvertreter also durchaus verbesserungswürdig.

Der Hamburger Hafen ist einer der Hauptgründe für chinesische Firmen, in Hamburg eine Niederlassung zu eröffnen. Für die Hamburger Politik genießt der Hafen ebenfalls unbedingte Priorität. Der Hamburger Senat passte den Hafen jeweils an die Erfordernisse der Zeit an und vermochte von der Umstellung von Segel- auf Dampfbetrieb und anschließend auf motorbetriebene Schiffe zu profitieren. Eine besondere Herausforderung stellte die „Container-Revolution" der späten 1960er Jahre dar. Sie vereinfachte den Übergang von Land- und Schiffstransporten, was oft zu Verspätungen an den Nadelöhren der Häfen gesorgt hatte. In Hamburg war man um 1960 noch recht skeptisch gegenüber der amerikanischen Erfindung und zweifelte an dessen Praxistauglichkeit. Ende der 1960er Jahre setzte dann aber schlagartig eine solche Dynamik ein, dass deutsche Reedereien und anschließend die Hafenverwaltungen sich der Entwicklung nicht mehr versperren konnten und wollten.[155] Für die Umstellung auf Container waren jedoch hohe Investitionen notwendig, sowohl für den hamburgischen Staat als auch für die betreffenden Reedereien. Die große Herausforderung der Containerisierung sorgte schließlich dafür, dass die Hapag und der Norddeutsche Lloyd, vormals erbitterte Rivalen, 1970 zur Hapag-Lloyd AG fusionierten, um den Weg in das neue Zeitalter besser meistern zu können.

Die Containerisierung des Warentransports auf See und an Land sollte die Welt nachhaltig verändern.[156] Seit den frühen 1970er Jahren eröffneten europäische Reedereien den Liniendienst von Containerschiffen zwischen japanischen und europäischen Häfen.

Die „Hamburg Express" der Hapag-Lloyd AG vor dem Hongkonger Hafen. 1970 fusionierten die Hapag (Hamburg) und der Norddeutsche Lloyd (Bremen), um die großen Herausforderungen der Containerisierung zu meistern. Die Container-Schifffahrt war und ist immer noch ein wichtiges Instrument der Globalisierung.

Japanische Unterhaltungselektronik nahm auf den europäischen Märkten auch deshalb eine wichtige Position ein, da sie sehr kostengünstig angeboten werden konnte. Chinesische Häfen sollten erst mit einiger Verzögerung „containerisiert" werden, mit Ausnahme der britischen Kolonie Hongkong. Zehn Jahre später wurde jedoch auch hier die Entwicklung nachgeholt, und chinesische Häfen wie Shanghai und Shenzen erhielten Container-Terminals, um an die Weltwirtschaft angeschlossen zu werden und die chinesischen Produkte auf die Märkte in Übersee zu transportieren.[157]

Die Statistiken des Containerumschlags in den größten Häfen der Welt belegen deutlich die heutige wirtschaftliche Bedeutung Chinas. 2008 lag der Hafen von Singapur mit 29 Mio. Containereinheiten (TEU[158]) an erster Stelle, gefolgt von Shanghai (27,9 Mio. TEU), Hongkong (24,2 Mio. TEU), Shenzen (21,4 Mio. TEU) und mit einigem Abstand weiteren chinesischen Häfen wie Ningbo (11,2 Mio. TEU), Guangzhou (11 Mio. TEU) und der ehemaligen deutschen Kolonie Qingdao (10,3 Mio. TEU). Hamburg lag in jenem Jahr mit 9,7 Mio. TEU auf dem 11. Platz der Rangliste und fiel gegenüber den hohen Umschlagzahlen der chinesischen Häfen deutlich ab.

In Hamburg wirkte sich der Aufstieg der chinesischen Wirtschaft spürbar aus. Insbesondere seit den 1990er Jahren ließen sich

Das Containerschiff „Xin Fu Zhou" der China Shipping Container Lines im Hamburger Hafen.

zudem einzelne chinesische Reedereien wie die „China Shipping Container Lines" (CSCL) aus Shanghai, die zweitgrößte Reederei des Landes, in Hamburg nieder. Die CSCL gehört zu den größten Reedereien der Welt und verfügt über 108 Containerschiffe mit einer Gesamtkapazität von über 120 000 TEU. Sie betreibt ein ausgedehntes Netz von regelmäßigen Linien und Zubringerlinien (Feeder) und verbindet weltweit die verschiedensten Regionen miteinander. Im Juli 1998 vereinbarte die CSCL mit der Schifffahrtsagentur Peter W. Lampke GmbH ein Abkommen für die Vertretung der Reederei in Deutschland als „China Shipping Agency (Germany)". Als Niederlassungsort wurde angesichts der Bedeutung des Hamburger Hafens die Hansestadt gewählt. Die Hamburger Niederlassung ist heute in der HafenCity beheimatet – in einem vom Architekten Hadi Teherani entworfenen Bürogebäude, das an gestapelte Container erinnern und mit dieser Gestaltung die Branche bildhaft vor Augen führen soll.

Der Containerverkehr mit Ostasien und China hat in den letzten Jahren für den Hamburger Hafen eine herausragende Stellung eingenommen. Mit 3,1 Mio. TEU nahm die Volksrepublik China (inklusive Hongkong) auch 2008 die Spitzenposition unter den wichtigsten Handelspartnern im Containerverkehr ein. Die Wirtschaftskrise erfasste Ende 2008 allerdings auch den Hamburger Hafen, und der Containerumschlag war danach eine Zeit lang

Chinesische Wirtschaftsunternehmen in Hamburg

Chinesische Wirtschaftsunternehmen in Hamburg

Die „Kiste" verbindet Hamburg und China: Containerschiff von China Shipping im Hamburger Hafen. Die im Bild zu sehenden kleineren Schiffe („Feeder") transportieren Container aus oder in andere, meist etwas abgelegene Häfen.

Chinesische Wirtschaftsunternehmen in Hamburg

Die vom Hamburger Architekten Hadi Teherani entworfene Europazentrale von China Shipping, der zweitgrößten chinesischen Reederei, in der HafenCity.

rückläufig.¹⁵⁹ Seit Mitte 2010 ist wieder ein Aufwärtstrend zu verzeichnen, der vor allem auf dem hohen Wirtschaftswachstum in China und dem übrigen Asien basiert. „Der Hafen profitiert davon, dass der weltweite Handel vor allem mit Asien anzieht", analysiert Jens Meier, Chef der Hamburg Port Authority (HPA), im Gespräch mit dem „Hamburger Abendblatt".¹⁶⁰ Rund jeder dritte Container im Hamburger Hafen kommt aktuell entweder aus China oder wird dorthin verschifft. Damit hängt die Entwicklung des Hafens und der Hamburger Wirtschaft sehr direkt vom wirtschaftlichen Klima in China ab.

Die Wirtschaftskontakte zwischen Hamburg und China beschränken sich in der Gegenwart selbstverständlich nicht auf chinesische Unternehmen. Hamburg ist auch heute noch ein wichtiges Handelszentrum und beheimatet derzeit rund 13 000 Unternehmen, die im Groß- und Einzelhandel tätig sind. Von diesen betreiben schätzungsweise rund 900 Handel mit China. Nach wie vor fungiert der Ostasiatische Verein als Sprachrohr der deutschen Handelsfirmen und bezeichnet sich als „Netzwerk der deutschen Asienwirtschaft". 110 Jahre nach Gründung spiegelt er damit selber die wechselvolle Geschichte der Handelsbeziehungen zwischen China und Hamburg wider.

In vielen Regionen und Städten ist der Tourismus für die Wirtschaft wichtig geworden. Die Westdeutschen entwickelten sich im Zuge des wirtschaftlichen Booms der 1950er und insbesondere der 1960er Jahre zum „Reiseweltmeister", aber auch für Großstädte wie Hamburg gewann der Städtetourismus von deutschen und ausländischen Besuchern kontinuierlich an Bedeutung. Chinesische Touristen kommen seit rund zehn Jahren nach Hamburg, das zumeist während einer zweiwöchigen Europareise angesteuert wird.¹⁶¹

Der chinesische Blick auf Europa und auch auf Hamburg verkehrt dabei die allgemeine deutsche oder auch westliche Perspektive: Für Chinesen ist Europa „exotisch", die touristisch inszenierten Trachten und Traditionen sind fremd, weshalb chinesische Touristen vor allem ikonenhafte, herausragende Stätten europäischer Kultur besuchen möchten. Für Hamburg als potenzielles Ziel ist dies ein gewisser Wettbewerbsnachteil, da die Stadt, bis auf einige Ausnahme wie den „Michel", angesichts fehlender klassischer Sehenswürdigkeiten in chinesischen Augen nicht als typisch europäisch angesehen wird. Dies ist auch ein Grund, weshalb Städte wie Berlin, München oder Köln mit ihren berühmten Wahrzeichen für chinesische Touristen attraktiver erscheinen als die Hansestadt. Hamburg wird gleichwohl als weltoffen und tolerant empfunden und ist insbesondere Shanghaiern aufgrund der Städtepartnerschaft durchaus bekannt. Die Zahlen der chinesischen Besucher sind in Hamburg jedoch überschaubar: 2009 besuchten knapp 15 000 Chinesen die Hansestadt.

Chinesische Touristen kommen meist aus dem wirtschaftlich stärker entwickelten Süden des Landes und gehören den wohlhabenderen Schichten an. Von Hamburger Seite wird versucht, sie direkt anzusprechen und ihnen speziell auf sie zugeschnittenes Informationsmaterial zukommen zu lassen. So entstand 2003 ein chinesischer Stadtplan von Hamburg, auf dem die zentralen Sehenswürdigkeiten eingezeichnet sind. Daneben versucht Hamburg, mit seiner „Chinakompetenz" bei chinesischen Touristen zu punkten.

Hamburg richtet sich zunehmend auf chinesische Touristen ein: chinesischsprachige Informationstafel an der St. Michaelis-Kirche.

Hamburg als China-Zentrum

Hamburg betrachtet sich gegenwärtig als „China-Zentrum". Dies betrifft nicht nur den Vergleich mit anderen deutschen Städten, sondern die Hansestadt beansprucht eine entsprechende Rolle für ganz Europa. Dabei schauen die Hamburger Politiker insbesondere auf die engen Handelsbeziehungen, den (bis auf den Rückschlag zwischen 2008 und 2010) boomenden Containerverkehr zwischen Hamburg und Ostasien und die steigende Zahl chinesischer Unternehmensniederlassungen in der Stadt. China rückte in den vergangenen Jahren jedoch überhaupt stärker in den Blickpunkt der Öffentlichkeit. Dies lag zum einen daran, dass das wirtschaftlich aufstrebende Land mit der internationalen Vernetzung identifiziert wird, zum anderen rückte aber auch die Hamburger Politik ihren Fokus verstärkt auf das „Reich der Mitte". 2001 stellte der Hamburger Senat unter seinem Ersten Bürgermeister Ole von Beust das neue Leitbild der „Wachsenden Stadt" vor, mit der Hamburg als Wirtschaftsmetropole ausgebaut werden sollte. Die Ideen sahen unter anderem den „Sprung über die Elbe" in Richtung Süden und eine allgemeine Wiederbelebung der „Wasserkante" vor.

Das hamburgische Konzept der „Wachsenden Stadt" berücksichtigte und bezog sich auch auf China; im selben Jahr startete der neue Senat eine China-Initiative. Ergänzend zu den bereits vorhandenen Verbindungen zu China führten die Verantwortlichen manche Neuerung in den letzten Jahren ein, in der Hoffnung, Hamburgs Position im Chinahandel weiter auszubauen. Zusätzlich zu bestehenden Institutionen wie der Hamburgischen Gesellschaft für Wirtschaftsförderung (HWF) und der Hamburg Marketing GmbH richtete der Senat gemeinsam mit dem Institut für Asienkunde im Juli 2003 eine Kooperationsstelle der China-Initiative ein, deren Leitung der Sinologe Carsten Krause übernahm, der heute Direktor des Konfuzius-Instituts ist. Erklärtes Ziel der Kooperationsstelle war es, Hamburg noch attraktiver für chinesische Unternehmen zu machen und diesbezüglich Kontakte zu vermitteln.[162] Gleichzeitig sollte die China-Kompetenz der Stadt einmal mehr verstärkt dargestellt werden. Die Bemühungen um den Status eines China-Zentrums hatten zwar handfeste wirtschaftliche Motive, gingen jedoch darüber hinaus und umfassten

ebenso Kultur und Wissenschaft. Dies dokumentierten verschiedene Veranstaltungen wie das Deutsch-Chinesische Bildungsforum, das am 3. März 2005 in Hamburg ausgerichtet wurde, und an dem deutsche und chinesische Vertreter teilnahmen.
Stadtmarketing existiert bereits seit vielen Jahrzehnten. In jüngster Zeit verstärken sich die Bemühungen, die „Marke Hamburg" zu bewerben und ihr Profil zu schärfen, jedoch merklich. Als ein wichtiges Vorzeigeprojekt dient dabei die HafenCity in der Speicherstadt, in unmittelbarer Nähe der Innenstadt und direkt am Wasser gelegen. Wie in vielen anderen Hafenstädten der Welt soll auch in Hamburg auf einem 55 Hektar großen Areal ein ehemaliges Hafengebiet „revitalisiert" und mit neuem Leben versehen werden. Um nicht die Fehler von anderen Großprojekten zu wiederholen, entsteht dort bewusst eine Mischung aus Büro- und Wohnbauten. Nach Baubeginn im Jahre 2003 konnte 2009 der erste Teil der HafenCity fertiggestellt werden, andere Bereiche sind bis heute noch Baustelle oder befinden sich in der Planungsphase. Dies trifft in besonderer Weise auf das Aushängeschild der HafenCity zu, die Elbphilharmonie. Auf dem Grundriss des Kaispeichers A wird in prominenter Lage ein Konzerthaus mit über 2000 Sitzplätzen errichtet, dessen architektonische Gestaltung mit dem Glasaufbau auf dem ehemaligen Speicher spektakulär zu werden verspricht. Mehr noch. Geht es nach dem Willen der Verantwortlichen, soll mit der Elbphilharmonie ein neues Hamburger Wahrzeichen entstehen. Die Entstehung und der Bau wurden und werden von teilweise massiver Kritik begleitet, die sich vor allem an den stetig steigenden Kosten entzündet.
Für die HafenCity entwickelten Hamburger Senat und Handelskammer vor einigen Jahren ebenfalls Überlegungen, ob es möglich wäre, dort eine Chinatown ins Leben zu rufen.[163] Eine solche werde sich, so die Wunschvorstellung, schnell zu einer zentralen Attraktion der HafenCity, wenn nicht sogar ganz Hamburgs etablieren. In der Geschichte existieren einige Vorbilder solch künstlich geschaffener Chinatowns wie die in der Londoner Gerrard Street im Herzen der britischen Metropole. Hier eröffneten in den 1960er Jahren fünf chinesische Lokale und bildeten damit den Kern der späteren Chinatown, die jedoch kein Ort des Wohnens

ist, sondern vielmehr Treffpunkt für Chinesen, die dort speisen, einkaufen und Freizeit verbringen. Ähnliches schwebte den Hamburger Verantwortlichen vor, auch wenn unklar war, ob so eine Idee überhaupt von Nicht-Chinesen umgesetzt werden könnte.

Die Hamburger standen in den letzten Jahren in Deutschland mit solchen Überlegungen nicht allein, hin und wieder tauchen ähnliche Gedankenspiele über die Errichtung einer Chinatown auch an anderen Orten auf, vor einiger Zeit etwa in Oranienburg nahe Berlin.[164] Doch weder in der HafenCity noch in Oranienburg konnten sich trotz der auch in der Presse diskutierten Pläne neue Chinatowns realisieren lassen. Schließlich wird ein solches Projekt nicht von Investoren per Knopfdruck umgesetzt, und schon gar nicht geht dies ohne eine Einbindung der chinesischen Community. Zwar hätte eine Chinatown auch für chinesische Migranten manchen Vorteil und ließe neue Treffpunkte entstehen. Eine Chinatown muss jedoch historisch wachsen, dies zeigen die Vorbilder in Nordamerika. Nicht zuletzt stehen Chinatowns für eine längst untergegangene Epoche der chinesischen Migration, in der eine solche Ansiedlung über mehrere Straßen eine Schutzfunktion in einer feindlichen Umgebung ausüben sollte. Viele chinesische Migranten verfügen heute jedoch über einen vollkommen anderen Hintergrund und gehören selber einem Milieu an, das sehr gut ausgebildet, selbstbewusst und wirtschaftlich erfolgreich ist.

So wird es wohl keine Chinatown in der HafenCity geben, dafür aber manch ein Zeichen, das auf China verweisen soll. Am 7. September 2007 wurden die Marco-Polo-Terrassen (sowie der Vasco-da-Gama-Platz) am Ende des Grasbrookhafens eingeweiht.[165] Die Benennung soll an die großen „Weltentdecker" erinnern – und indirekt damit auch Hamburgs weltweite Beziehungen in Erinnerung rufen. Ob Marco Polo nun ein idealer Namensgeber für die angelegten Terrassen ist, darüber lässt sich streiten. Nach wie vor ist in der Forschung umstritten, ob dieser jemals persönlich China aufsuchte, und einige Experten gehen davon aus, dass Teile seines weltberühmten Berichts schlicht ausgedacht sein könnten. Der Name erinnert jedenfalls an China und dessen Entdeckung aus europäischer Perspektive und atmet dabei jede Menge Geschichte und Exotik.

Die 2007 eingeweihten Marco-Polo-Terrassen in der HafenCity. Der Name des berühmten Chinareisenden, dessen Reisebericht (um 1300) das Chinabild in Europa lange Zeit stark beeinflusst hat, soll an Hamburgs Verbindungen mit China erinnern.

Die Bemühungen um den Ausbau Hamburgs als China-Zentrum betreffen wirtschaftliche und kulturelle Aspekte. Wie in der HafenCity wird dabei gerne auf symbolische Zeichen zurückgegriffen, mit denen die Verbindung zu China gedanklich hergestellt werden soll. Während einige Ideen vielleicht überambitioniert wirken, hat Hamburg doch den großen Vorteil, in Bezug auf China-Kompetenz auf eine sehr lange Geschichte verweisen zu können. Und so forciert nicht nur die Hamburger Politik neuerdings unübersehbar das Thema, es leben neben den chinesischen Migranten heute auch nicht wenige Hamburger mit einem ausgeprägten Interesse an China in der Stadt. Bereits 1973 gründete sich die Hamburger China-Gesellschaft e.V., die in dieser Phase einer langsam beginnenden politischen Normalisierung des gegenseitigen Verhältnisses das Interesse an dem Land China wecken und das Verständnis vertiefen wollte. Damit ist sie die älteste Vereinigung dieser Art in der Hansestadt. Bereits seit den 1970er Jahren bietet die Gesellschaft chinesische Sprachkurse an und publiziert dreimal jährlich die „Hamburger China-Nachrichten", die bis zum heutigen Tage erscheinen.

Wir leben in einer Zeit, in der „Events" für eine Stadt sehr bedeutsam geworden sind. Damit soll das Stadtmarketing generell angekurbelt werden, es sollen aber auch ganz direkt regelmäßig neue

Besucher in die Stadt gelockt werden. In Hamburg finden seit einigen Jahren auch Veranstaltungen mit China-Bezug statt; 1988 wurden erstmals „China-Wochen" in Hamburg organisiert, in denen von privater Hand, mit Unterstützung der Kulturbehörde, eine Reihe von Veranstaltungen durchgeführt wurden. Der Schwerpunkt lag im kulturellen Bereich. So führte das Thalia-Theater das Stück „Yeti – Der wilde Mann" des chinesischen Dramatikers Gao Xingjian auf. Einige Jahre später, 1995, wurden erneut China-Wochen ausgerichtet. Anlässlich der Neuauflage gründete sich seinerzeit die Chinesisch-Deutsche Gesellschaft, dessen Mitglied Hans-Bernd Giesler die China-Wochen in jenem Jahr initiiert hatte. Weitere sieben Jahre später fanden erneut China-Wochen in Hamburg statt, zu denen unter anderem der chinesische Sänger Andy Lau an die Elbe kam.[166]

Im Jahr des 20-jährigen Jubiläums der Städtepartnerschaft Hamburg-Shanghai fand vom 13. September bis zum 1. Oktober 2006 erstmals die „China Time" statt, die der Hamburger Senat unter Mithilfe vieler Institutionen ausrichtete. Zahlreiche Veranstaltungen aus den Bereichen Wirtschaft, Politik, Gesellschaft und Kultur wurden angeboten, wobei auch kritische Themen wie Tibet und Menschenrechtsfragen angesprochen wurden.[167] Hamburg bewarb die „China Time" im großen Stil und wollte sich auch und gerade bei dieser Gelegenheit als bedeutendes europäisches China-Zentrum präsentieren.[168] Welches Gewicht die Verantwortlichen dem Ereignis beimaßen, davon zeugte ein weithin sichtbarer kupferner Drache auf der Binnenalster, der den gewohnten Anblick der Hamburger Innenstadt verfremdete und ein „chinesisches" Flair verbreitete. Die „China Time" sollte ganz gezielt China in Hamburg darstellen und auch die Geschichte der gegenseitigen Verbindungen dokumentieren. „Das ferne Land rückt für 19 Tage in greifbare Nähe", war auf der offiziellen Website zu lesen. Auch wenn das Programm in einer Marketing-Sprache angepriesen wurde, bot sie doch für die Hamburger Bevölkerung die Möglichkeit, das Land, seine Kultur und seine Probleme – wie zum Beispiel den Umweltschutz – kennenzulernen. Die „China Time" entwickelte sich schlagartig zum Flaggschiff der China-Initiative der Hamburger Politik.

Hamburg als China-Zentrum

Zum Flaggschiff der Hamburger China-Initiative entwickelte sich die 2006 erstmals durchgeführte „China Time" mit zahlreichen Veranstaltungen und Events. Der kupferne Drache prangte während der „China Time" 2006 als weithin sichtbares Symbol auf der Binnenalster. Der Drache repräsentierte in der chinesischen Kultur Stärke und Herrschaft und wurde deshalb auch als Zeichen des Kaisers verwendet.

China lächelnd: Mädchen in traditionellen Kostümen (unten).

Seit 2006 findet die „China Time" regelmäßig alle zwei Jahre statt und festigt damit Hamburgs Ruf als China-Zentrum. 2008 wurde sie vom 12. bis 27. September ausgerichtet und fand damit in zeitlicher Nähe zu den Olympischen Sommerspielen in Peking statt (8.8.-24.8.2008), die auch deutliche Kritik an der Volksrepublik in den westlichen Medien hervorriefen. Über 170 Veranstaltungen zu den verschiedensten Themen wurden wäh-

Chinesischer Markt auf dem Rathausmarkt anlässlich der „China Time" 2010. Die roten Zelte und Lampen sollten die Besucher in eine chinesische Atmosphäre versetzen: Angeboten wurde zudem chinesisches Essen und Aufführungen von Akrobaten waren zu bestaunen.

Verfremdetes Hamburg: chinesische Figuren vor dem Hamburger Rathaus (rechts).

rend der „China Time" 2008 angeboten, abermals schmückte ein kupferner Drache die Hamburger Innenstadt, diesmal auf dem Rathausmarkt gegenüber den Alsterarkaden.[169] Zudem bemühten sich die Veranstalter um neue, besondere Attraktionen. Vor dem Rathaus fand ein zehntägiger chinesischer Markt statt, auf dem die Artistengruppe „Shaolin Wusu Warriors" Kampfkunst vorführte. Am 21. und 22. August wurde ein Drachenbootrennen auf der Binnenalster veranstaltet, mit 3000 Sportlern und schätzungsweise 100 000 Besuchern. Den Höhepunkt bildete dann die Einweihung des Yu Yuan-Teehauses in der Feldbrunnenstraße im Stadtteil Rotherbaum am 25. September.

2010 fand die „China Time" erneut statt (9. bis 25. September).[170] Angesichts der Expo 2010 in Shanghai waren Umwelt und Klimaschutz wichtige Diskussionsfelder, schließlich beteiligte sich die Hansestadt an der Weltausstellung im Oktober des Jahres mit dem „Hamburg House", einem Energie-Sparhaus, das auf die besonderen Bedingungen der chinesischen Metropole Shanghai zugeschnitten war. Umweltschutz ist derzeit ein eminent wichtiges Thema in China, da der wirtschaftliche Boom das Land an die Spitze der weltweiten CO_2-Emissionäre katapultiert. Umwelt- und Klimaschutz werden auf absehbare Zeit zu den dringendsten

Hamburg als China-Zentrum

Titelbild des Programmhefts der „China Time" 2010.

Der chinesische Ministerpräsident Wen Jiabao und Hamburgs Erster Bürgermeister Ole von Beust eröffnen die China Time 2006. Sie vereint politische und wirtschaftliche Interessen mit kulturellen Themen (rechts).

Problemen der Menschheit gehören, und auch China wird sich dieser Herausforderung stellen müssen.

Die „China Time" repräsentiert die Hamburger China-Kampagne wie kaum eine andere Veranstaltung. Dies betonen die Organisatoren und beteiligte Institutionen auch ganz offen. Thorsten Kausch, Geschäftsführer der Hamburg Marketing GmbH, formulierte in diesem Zusammenhang etwa: „Wir nutzen ‚China Time' als Plattform, um Hamburgs Stärke als China-Standort bundesweit und international noch bekannter zu machen. Dazu gehören zahlreiche Marketingmaßnahmen, zum Beispiel ein dreisprachiger Internetauftritt und ein dreisprachiges Magazin, das die China Time-Themen sowie aktuelle Projekte und Akteure vorstellt."[171] Die Veranstaltungen profitieren vom aktuellen Trend, Events zu bilden. Die Bündelung von zahlreichen Veranstaltungen erhöht die Aufmerksamkeit. Für das Hamburger Stadtmarketing bietet die „China Time" jedenfalls eine willkommene neue Möglichkeit, die Stadt als internationale Metropole zu präsentieren.

Dass Hamburg ganz direkt vom Wirtschaftsboom in China profitieren möchte, demonstriert eine andere Veranstaltung. Ende November 2004 lud die Handelskammer Hamburg erstmals zu der internationalen Konferenz „The Hamburg Summit: China meets Europe" ein, namhafte Teilnehmer aus China und Deutsch-

Helmut Schmidt hält eine Rede zur Eröffnung des „Hamburg Summit" (Hamburger Rathaus, 25. 11. 2004). Alle zwei Jahre wird diese deutsch-chinesische Wirtschaftskonferenz veranstaltet, unter Beteiligung hochrangiger Vertreter aus Wirtschaft und Politik.

land folgten der Einladung.[172] Am Eröffnungstag, dem 25. November, empfing der Erste Bürgermeister Ole von Beust die Teilnehmer zu einem Festessen im Hamburger Rathaus, bekannte Politiker wie Bundeskanzler a.D. Helmut Schmidt und der damalige Innenminister Otto Schily hielten Eröffnungsreden und beleuchteten Chinas Rolle in der Weltwirtschaft. An dem Treffen nahmen rund 450 Wirtschaftsexperten und Politiker wie der Vize-Ministerpräsident der Volksrepublik China, Zeng Peiyan, teil und diskutierten Fragen der wirtschaftlichen Entwicklung Chinas und der wirtschaftlichen Zusammenarbeit mit Europa. Seitdem findet der „Hamburg Summit" regelmäßig alle zwei Jahre statt und bietet ein Forum des Austausches über wirtschaftliche Fragen.
Am „Hamburg Summit" im September 2006 nahm der chinesische Ministerpräsident Wen Jiabao teil und dokumentierte damit den hohen Stellenwert, dem der Konferenz auch in China beigemessen wird.[173] Im September 2008 gehörten mit Helmut Kohl und einmal mehr Helmut Schmidt zwei ehemalige Bundeskanzler zu den Konferenzteilnehmern. Der bislang letzte „Hamburg Summit" fand im November 2010 statt und versammelte wieder prominente Politiker wie den deutschen Außenminister Guido Westerwelle und einschlägige Wirtschaftsexperten. Wie die „China Time" etablierte sich der „Hamburg Summit" innerhalb

weniger Jahre als wichtiges Diskussionsforum der wirtschaftlichen Beziehungen zwischen China und Europa. Der Hamburger Veranstalter, die Handelskammer, ermöglicht den direkten Austausch von Politikern und Praktikern aus der Wirtschaft und platziert mit der Konferenz zudem die Hansestadt als China-Zentrum auf der wirtschaftspolitischen Weltkarte.

Die Bemühungen, Hamburg als China-Zentrum weiter auszubauen und auch in den Köpfen zu verfestigen, sind auch vor einem ausgeprägten Konkurrenzkampf um eine möglichst gute Ausgangsposition für den Chinahandel in Deutschland und in ganz Europa zu sehen. Die Hamburger Verantwortlichen haben sich in den letzten zehn Jahren entschieden, Hamburgs China-Kompetenz offensiv zu vermarkten und mittels der erwähnten Veranstaltungen und anderer Kampagnen nach außen zu tragen. Die Hamburg Marketing GmbH erstellt regelmäßig Informationsmaterialien und produzierte unter anderem den Werbefilm „Hamburg – das China-Zentrum in Europa" in deutscher und chinesischer Sprache.[174] Darin wird Hamburg als moderne Stadt vorgestellt, als pulsierender Hafen und Handelsmetropole, als Zentrum des Einzelhandels und von Freizeitangeboten, als grüne Großstadt am Wasser, als Zentrum des Nachtlebens, als Sportmetropole und so weiter. Einen Schwerpunkt des Films bilden die Verbindungen Hamburgs zu China und vielen einschlägigen Firmen und Institutionen, die Handelsbeziehungen werden im Film ausführlich thematisiert und mittels Bildern vom Hafen und von Containerschiffen illustriert. Die „China Time" 2006 wird ausführlich porträtiert, mehrere Chinesen in Hamburg werden kurz vorgestellt. Der Werbefilm zeichnet ein etwas geschöntes, aber doch vielschichtiges Bild von Hamburg, in dem auch und gerade die vorhandenen chinesischen Netzwerke dargestellt werden.

Hamburg kann sich auf dem Erreichten nicht ausruhen, dazu sind die konkurrierenden Städte, die sich ebenfalls um die Ansiedlung chinesischer Firmen bemühen, zu aktiv. In Deutschland ist dies beispielsweise Frankfurt am Main, das als Finanzzentrum und Drehkreuz für den Flugverkehr für ausländische Firmen sehr interessant ist.[175] Der Hamburger Hafen hingegen befindet sich in einem direkten Konkurrenzkampf mit anderen europäischen

Containerhäfen, insbesondere Rotterdam, wobei der größte niederländische Hafen nach den Umschlagzahlen noch vor der Hansestadt liegt und sich angesichts seiner Größe als „Tor nach Europa" vermarktet. Der Wettbewerb zwischen den beiden Hafenstädten mag teilweise erklären, weshalb die Vermarktung Hamburgs als „China-Zentrum" in den letzten Jahren so deutlich forciert wird.

Gegenüber anderen Mitbewerbern verfügt Hamburg über den Vorteil von historisch gewachsenen, direkten Beziehungen. Zudem ist die gegenwärtig viel beschworene China-Kompetenz Hamburgs ein wichtiger Standortvorteil, welcher sich von anderen Mitbewerbern nicht so leicht aufholen lässt. Man sieht, dass Geschichtsbewusstsein durchaus einen Nutzen haben und sinnvoll in aktuelle Bemühungen integriert werden kann.

Fazit und Ausblick

Fazit und Ausblick

Vor über zwanzig Jahren schrieb Bernd Eberstein: „China ist uns sehr viel näher gerückt. Aber es regt heute die Phantasie nicht viel weniger an, als es das in einer Zeit getan hat, da es noch weit jenseits des Horizonts gesicherter Kenntnisse in fast unerreichbarer und mystischer Ferne lag, die allein der Vorstellungskraft offenstand."[176] Seit dieser Aussage ist China für die Menschen in Europa und für die Öffentlichkeit sehr viel präsenter geworden, gerade auch in Hamburg. Der wirtschaftliche Aufstieg Chinas in den letzten zwei Jahrzehnten macht das Land vielerorts zu einem umworbenen Partner, der trotz des kommunistischen Regimes in der Volksrepublik einen eigenen Weg in den Kapitalismus gefunden hat. Wenn das Thema „China in Hamburg" heute populär ist, so liegt dies auch an dem Engagement der Hamburger Politik und Wirtschaft.

Das Thema hat viele unterschiedliche Facetten. Es ist jedenfalls keine Floskel, von langen Beziehungen zwischen Hamburg und China zu sprechen. Hamburg stieg bereits vor dem 19. Jahrhundert zur Handelsmetropole und als Hafenstadt zu einer weltweit wichtigen Drehscheibe auf und entwickelte sich zu einem wirklichen „Tor zur Welt". Hamburger Kaufleute ziehen seit Jahrhunderten hinaus in die Welt und betreiben dort und von dort aus ihren Handel. Die Kaufleute kamen auch nach China und ließen sich in den internationalen Händlerkolonien von Kanton, Shanghai oder Hongkong nieder, die im Opiumkrieg von den Briten zuvor gewaltsam für den Handel geöffnet worden waren.

Der Handel mit China konnte aber auch in Hamburg registriert werden, da Teehäuser wie das von Maass und andere Geschäfte mit „Chinoiserien" eröffneten. In den 1890er Jahren begannen europäische und deutsche Reedereien chinesische Seeleute anzuheuern, die mit Blick auf den chinesischen „Kuli" als besonders „billig und willig" galten. Aufgrund der tausendfachen Beschäftigungsverhältnisse chinesischer Heizer auf deutschen und europäischen Dampfschiffen kamen viele von ihnen regelmäßig in den Hamburger Hafen und bevölkerten wie alle Seeleute das Vergnügungsviertel St. Pauli. Die Behörden achteten sorgsam darauf, dass sich keine chinesischen Seeleute in der Stadt dauerhaft ansiedelten.

Doch genau dies sollte in den frühen 1920er Jahren geschehen, als in einigen Straßen St. Paulis – insbesondere der Schmuckstraße – Chinesen Geschäfte und Lokale eröffneten, weshalb die Einheimischen sogar von einem „Chinesenviertel" sprachen. In der NS-Zeit blieben die wenigen hundert chinesischen Migranten eine Zeit lang vergleichsweise unbehelligt. Während des Zweiten Weltkriegs verfolgte die Gestapo dann die Chinesen zunehmend, was in der „Chinesenaktion" am 13. Mai 1944 gipfelte, in deren Folge mindestens 17 chinesische Männer an den Misshandlungen starben. Das maritim geprägte „Chinesenviertel" auf St. Pauli war damit gewaltsam ausgelöscht worden.

Mitte des 20. Jahrhunderts brach eine völlig neue politische Phase an, die auch auf die chinesische Migration abfärbte. Im Jahre 1949 wurden sowohl die Bundesrepublik Deutschland als auch die Volksrepublik China gegründet; über Jahrzehnte sollten sie keine diplomatischen Beziehungen miteinander unterhalten. Die chinesische Migration in Hamburg veränderte sich seit den 1950er Jahren deutlich: Die nun in ganz Hamburg entstehenden China-Restaurants waren besonders willkommen, da sie für großstädtische Internationalität standen.

Die chinesische „Community" war in der Nachkriegszeit deutlich gemischter als in der ersten Hälfte des 20. Jahrhunderts. Die chinesischen Migranten kamen nun aus unterschiedlichen Regionen, bewegten sich aber weiterhin meist innerhalb ihrer eigenen, regionalen und familiären Kreise. Der Kalte Krieg beeinflusste auch die chinesische Migration und sorgte für Misstrauen in der chinesischen „Community"; die Furcht vor chinesischen Spionen war in Hamburg verbreitet. Gleichzeitig kamen neue Gruppen wie chinesische Studenten in die Stadt, die in der Vorkriegszeit nur eine unbedeutende Rolle gespielt hatten.

Das politische Verhältnis verbesserte sich nach der Wiederaufnahme der diplomatischen Beziehungen zwischen der Volksrepublik und der Bundesrepublik 1972, insbesondere aufgrund der Öffnungspolitik Chinas ab den späten 1970er Jahren. Hamburg knüpfte anschließend eigene Bande und schloss 1986 eine Städtepartnerschaft mit Shanghai, die sich zu einem wichtigen Motor der Annäherung entwickeln sollte. Dennoch gab es immer wieder

Fazit und Ausblick

„China" – im Herzen Hamburgs. Blick vom chinesischen Markt auf den Turm des Hamburger Rathauses während der „China Time" 2010.

Fazit und Ausblick

Drache vor den Alsterarkaden in unmittelbarer Nähe des Hamburger Rathauses anlässlich der „China Time" 2010.

auch Belastungsproben im gegenseitigen Verhältnis, etwa nach der Niederschlagung der Demokratiebewegung in China im Juni 1989, nach der die Beziehungen vorübergehend eingefroren wurden.

Seit den 1990er Jahren siedeln sich zunehmend chinesische Firmen mit ihren Niederlassungen in der Hansestadt an. Die Hamburger Politik umwirbt chinesische Firmen verstärkt und versucht gezielt, vom wirtschaftlichen Boom in China zu profitieren. Die wachsende Bedeutung Chinas in der Weltwirtschaft ist dabei auch und gerade in Hamburg zu erkennen, schließlich stammt rund jeder dritte Container aus dem Reich der Mitte oder soll dorthin verschifft werden. Mit der China-Initiative des Hamburger Senats unter Ole von Beust intensivierte Hamburg seine diesbezüglichen Bemühungen noch einmal spürbar. Mit Veranstaltungen wie der „China Time", 2006 erstmals durchgeführt, und der Wirtschaftskonferenz „The Hamburg Summit" (seit 2004) wurden neue Formate geschaffen, die sich innerhalb kurzer Zeit als wichtige Bühnen beziehungsweise Diskussionsforen etablieren konnten. Hamburg versucht auf diese Weise, seinen Ruf als „China-Zentrum" zu untermauern.

Das riesige Land mit seinen heute rund 1,3 Milliarden Einwohnern hat seinen festen Platz auf der Weltbühne eingenommen, es wird seine Position in Zukunft noch weiter ausbauen. Die Welt schaut heute auf Ostasien und China. Die Globalisierung mag die Kenntnisse von entfernten Regionen vermehren, ein interkulturelles Verstehen geht damit nicht automatisch einher. Die Begegnung mit einer anderen Kultur kann sowohl faszinieren als auch in ihr Gegenteil umschlagen. Für ein besseres gegenseitiges Verständnis können nur die Menschen in einem ganz individuellen Rahmen sorgen. Das Wissen um Geschichte und Gegenwart solcher Begegnungen trägt dazu bei, das eigene Verhalten und eigene Sichtweisen zu reflektieren.

China in Hamburg – eine Chronik

ab 960

Die Song-Dynastie (960–1279) und die Yuan-Dynastie (1279–1368) bestehen in China, während in Europa das Mittelalter herrscht.

1189

Am 7. Mai schlägt mit dem Freibrief Kaiser Barbarossas die offizielle Geburtsstunde des Hamburger Hafens, was bis heute mit dem „Hafengeburtstag" gefeiert wird.

1275-1291

Der venezianische Kaufmann Marco Polo unternimmt eine Reise nach China und hält sich dort jahrelang auf. Sein Reisebericht wird für lange Zeit für Europa eine der wichtigsten Quellen über das ferne China bleiben, wenngleich die Frage der Authentizität des Berichts bis heute umstritten ist. Der Reisebericht beflügelt über Jahrhunderte die Phantasie der Europäer und regt die späteren Kontakte zwischen Ostasien und Europa mit an.

1368-1644

Die Ming-Dynastie löst die mongolische Fremdherrschaft ab; sie wird bis zur Mitte des 17. Jahrhunderts fortdauern.

1644-1911

Während der Qing-Dynastie setzt sich mit dem Aufstieg der Dschurdschen abermals eine Fremdherrschaft in China durch. Die neuen Herrscher führen den Zopf als Haartracht für die Männer ein.

1797

Die Hamburger Bank- und Handelshäuser Berenberg, Gossler & Co. und Parish & Co. entsenden das erste Schiff unter Hamburger Flagge nach Kanton.

1829

Hamburg ernennt den englischen Kaufmann John McVicar zum hamburgischen Konsul in Kanton.

1830

Das „Chinesische Thee-Hause" in der Reichenstraße 22 öffnet seine Türen. Aus ihm wird später das Ostindische Teehaus.

1839-1842

Im ersten Opiumkrieg erzwingen die Briten die gewaltsame Öffnung Chinas und bewirken damit, dass der Handel mit China, aber auch die chinesische Auswanderung in den folgenden Jahren deutlich an Umfang zunehmen.

1842

Der Vertrag von Nanking, einer der „Ungleichen Verträge", nötigt die Chinesen, die chinesischen Häfen Shanghai, Kanton, Xiamen (Amoy), Fuzhou und Ningbo für den Handel mit Großbritannien und Europa zu öffnen. Hongkong wird britische Kronkolonie, erst 1997 erfolgt die Rückgabe an China.

1871

Die „Deutsche Dampfschiffs-Rhederei zu Hamburg" nimmt den regelmäßigen Linienverkehr nach Ostasien auf. Die Linie trägt den chinesischen Namen „Kingsin".

1886

Der Norddeutsche Lloyd aus Bremen eröffnet im Auftrag der Reichsregierung einen Reichspostdampferdienst nach Ostasien.

1896

Li Hongzhang (1823-1901) besucht im Juni Deutschland und trifft den früheren Reichskanzler Otto von Bismarck auf Schloss Friedrichsruh im Sachsenwald bei Hamburg.

1897

Das Deutsche Reich besetzt Kiautschou in der Provinz Shandong und presst es China im folgenden Jahr offiziell als „Pachtgebiet" ab. Die Hafenstadt Tsingtau wird zum deutschen Marinestützpunkt ausgebaut und soll, so das ambitionierte Ziel, zum „deutschen Hongkong" werden.

1900

Im Sommer kommt es in China zu Übergriffen auf Ausländer und chinesische Christen, was als „Boxeraufstand" in die Geschichte eingeht. Kaiser Wilhelm II. hält am 27. Juli in Bremerhaven anlässlich der Verabschiedung des deutschen Expeditionskorps seine berüchtigte „Hunnenrede", nach der den Chinesen „kein Pardon" gegeben werden solle und noch in tausend Jahren kein Chinese einen Deutschen auch nur „scheel" anblicken dürfe. Die internationale Militärexpedition unter Leitung des Grafen von Waldersee geht mit großer Brutalität gegen chinesische Soldaten und die Zivilbevölkerung vor und erobert Mitte August Peking.

Im selben Jahr gründen Hamburger Kaufleute den Ostasiatischen Verein (OAV). Er soll die Interessen der am China- und Japanhandel beteiligten Handelshäuser und Personen vertreten und diesbezüglich Lobbyarbeit leisten. Der Verein richtet seit 1901 jährlich Festessen („Liebesmahl") aus, an denen ranghohe Vertreter der Politik teilnehmen, die damit die große Bedeutung des deutschen Ostasienhandels bezeugen. 1901 hat der Verein 123 Mitglieder, deren Zahl bis 1914 auf 288 anwächst.

1901

Der „Sühne-Prinz" Chun bereist Deutschland. Er muss nach der Niederschlagung des Boxeraufstands in einer demütigenden Zeremonie vor Wilhelm II. den Kotau machen und unterwürfig um Vergebung bitten. Chun besucht neben Berlin auch Hamburg.

1908

Das Kolonialinstitut wird in Hamburg eröffnet. Im darauffolgenden Jahr wird ein Lehrstuhl für „Sprachen und Kultur Ostasiens" eingerichtet, der erste in Deutschland überhaupt. Der erste Lehrstuhlinhaber ist Otto Franke (1883–1946), der zuvor lange als Dolmetscher in China tätig war. Franke wird damit zum Mitbegründer der Sinologie in Deutschland.

1912

Am 1. Januar ruft Sun Yat-sen die Chinesische Republik aus und erklärt die chinesische Monarchie für abgeschafft. Die Qing-

Dynastie ist damit Geschichte, China steht eine jahrzehntelange Phase voller innenpolitischer Turbulenzen und Aggressionen von außen bevor.

1914

Nach Beginn des Ersten Weltkriegs sitzen im August mehrere Hundert chinesische Seeleute auf ihren Schiffen im Hamburger Hafen fest. Die meisten von ihnen können nach einiger Zeit unter schwierigen Bedingungen nach China zurückkehren.

1917

Nach langen innenpolitischen Diskussionen erklärt die Regierung der Chinesischen Republik dem Deutschen Reich am 14. August den Krieg. Chinesische Staatsangehörige werden in Deutschland zu „feindlichen Ausländern".

1919

Die Hamburger Universität wird gegründet. Das „Seminar für Sprache und Kultur Chinas" wird, wie bereits sein institutioneller Vorgänger am Kolonialinstitut, von Otto Franke geleitet.

1921

Am 20. Mai unterzeichnen die deutsche und die chinesische Regierung einen gegenseitigen Wirtschafts- und Friedensvertrag, in dem die wirtschaftliche Betätigungsmöglichkeit von Staatsangehörigen im jeweils anderen Land garantiert wird. Deutschland ist damit nach den „Ungleichen Verträgen" des 19. Jahrhunderts das erste westliche Land, das einen gleichberechtigten Vertrag mit China abschließt.
Mit dem „Peking" in der Fuhlentwiete in der Hamburger Innenstadt eröffnet das erste chinesische Restaurant in ganz Deutschland, es schließt aber kurz darauf bereits wieder.
In Hamburg nimmt das chinesische Generalkonsulat seinen Betrieb auf, es wird bis 1925 vom Hamburger Augustus Vorwerk als Honorarkonsul geleitet. Danach folgen verschiedene chinesische Diplomaten.

1925
Das bestehende Hafengesetz von 1897 wird deutlich verschärft, nicht zuletzt um eine chinesische Einwanderung zu beschränken und nach Möglichkeit zu verhindern. Die Schiffskapitäne müssen der Hafenpolizei nun Listen von den Besatzungsmitgliedern und Passagieren vorlegen, bevor diese auf Landgang gehen dürfen.

1927
Die Kuomintang (Nationale Volkspartei) unter Chiang Kai-shek attackiert die Kommunisten, ihren vormaligen Bündnispartner, womit ein jahrzehntelanger Bürgerkrieg in China beginnt.

1929
Am 10. Oktober, dem chinesischen Nationalfeiertag in Erinnerung an den Sturz der Qing-Dynastie, wird der Chinesische Verein in Hamburg im „Café und Ballhaus Cheong Shing" in der Großen Freiheit ins Leben gerufen. Bis zum Ende des Zweiten Weltkriegs hat der Verein eher eine symbolische Bedeutung und tritt kaum öffentlich in Erscheinung.

1931
Japanische Truppen erobern im September die Mandschurei und errichten dort den Marionettenstaat Mandschukuo.

1937
Am 7. Juli beginnt der Krieg zwischen Japan und China, der bis zum 9. September 1945 dauern wird und in dessen Verlauf die japanische Armee große Teile des Landes erobert. Die Japaner gehen auch gewaltsam gegen die chinesische Zivilbevölkerung vor und töten allein im „Massaker von Nanking" im Dezember des Jahres schätzungsweise 300 000 Zivilisten und als solche verkleidete chinesische Soldaten.

1939
Der Beginn des Zweiten Weltkriegs am 1. September führt zu Blockaden in der Seeschifffahrt. Eine Gruppe von 200 chinesischen Seeleuten sitzt monatelang im Hamburger Hafen fest.

1941

Die Regierung der Chinesischen Republik unter Chiang Kai-shek erklärt am 9. Dezember, nach dem japanischen Angriff auf Pearl Harbor, dem nationalsozialistischen Deutschland den Krieg. Chinesische Staatsangehörige in Deutschland erlangen damit, wie bereits während des Ersten Weltkriegs, den Status eines „feindlichen Ausländers".

1944

Am 13. Mai führt die Gestapo unter Leitung von Erich Hanisch und unter Mithilfe anderer Polizeieinheiten die „Chinesenaktion" in St. Pauli durch. 129 chinesische Männer werden verhaftet, in die Gestapozentrale im Stadthaus und später ins Gestapogefängnis Fuhlsbüttel verbracht und dort zum Teil brutal misshandelt. Der offizielle Vorwurf lautet „Feindesbegünstigung", in Wahrheit handelt es sich jedoch um eine „rassische" Verfolgung. 17 chinesische Männer sterben.

1945

Nach dem Ende des Krieges am 8. Mai kehren die meisten chinesischen Migranten in ihre Heimat zurück. Lediglich 30 chinesische Männer bleiben in Hamburg, in der Hoffnung auf bessere wirtschaftliche Zeiten.

1949

Am 1. Oktober ruft Mao Zedong die Volksrepublik China aus, womit der jahrzehntelange Bürgerkrieg in China ein Ende findet. Die nationalchinesische Regierung unter Chiang Kai-shek hatte sich zuvor auf die Insel Taiwan geflüchtet und errichtet dort die Chinesische Republik (Taiwan). Die Volksrepublik China schottet sich in der folgenden Zeit fast komplett ab.

1950

Die chinesische Militärkommission in Berlin und das chinesische Konsulat in Hamburg schließen. Es bestehen somit keine diplomatischen Beziehungen mehr zwischen Deutschland und China – weder zur Volksrepublik noch zu Taiwan.

1952

Im Oktober bildet sich der „Ost-Ausschuß der Deutschen Wirtschaft", in dem der Bundesverband der Deutschen Industrie (BDI), der Ostasiatische Verein und weitere Verbände zusammenarbeiten. Der „Arbeitskreis China" nimmt seine Tätigkeit auf und soll für einen möglichst ungehinderten Warenverkehr zwischen China und Deutschland sorgen.

1956

Das „Tunhuang" eröffnet in den Colonnaden und wird stilbildend für viele andere China-Restaurants in Hamburg. Das Lokal beschäftigt professionell ausgebildete Köche und legt großen Wert auf eine exquisite und exotische Inneneinrichtung.
Das Institut für Asienkunde wird eingerichtet, welches sich als eines der zentralen Forschungszentren zu Asien und China in der Bundesrepublik etabliert. Es wird anfangs vom Auswärtigen Amt finanziert.

1962

Chen Chun Ching gründet das Chinesische Seemannsheim in Hamburg-Eppendorf, das jedem chinesischen Seemann, der auf einem deutschen Schiff arbeitet, während seines Aufenthalts in Hamburg offensteht.

1966–1976

In der von Mao verkündeten Kulturrevolution wird ein großer Teil der kommunistischen Funktionäre ausgetauscht und erheblicher Druck auf vermeintliche Abweichler von der offiziellen Linie ausgeübt.

1972

Am 11. Oktober nehmen die bundesdeutsche und die chinesische Regierung wieder diplomatische Beziehungen auf.

1973

Die Hamburger China-Gesellschaft e.V. wird gegründet. Ihr Ziel ist es, das Interesse an China zu fördern und Kenntnisse über das

Land zu vermitteln. Der Verein organisiert Veranstaltungen und bringt die bis heute erscheinenden „Hamburger China-Nachrichten" heraus.

1976
Am 9. September stirbt Mao Zedong, womit eine Epoche der chinesischen Geschichte zu Ende geht.

1978
Die ersten Flüchtlinge aus Vietnam, die sogenannten Boat People, gelangen nach Deutschland. Unter ihnen sind viele Chinesen.

1979
Am 24. Oktober unterzeichnen die Regierungen der Bundesrepublik Deutschland und der Volksrepublik China ein Abkommen über wirtschaftliche und kulturelle Zusammenarbeit, das die wirtschaftlichen Beziehungen in den folgenden Jahren spürbar ankurbelt. Der chinesische Ministerpräsident Hua Guofeng besucht während seines Deutschlandaufenthalts Hamburg.
Unter Deng Xiaopeng beginnt die Reform- und Öffnungspolitik in der Volksrepublik, die dem Land ein beträchtliches Wirtschaftswachstum beschert.

1980
Die Vertretung der Außenhandelsgesellschaften der VR China öffnet in Hamburg.

1984
Während des Besuchs des stellvertretenden chinesischen Ministerpräsidenten Li Peng im Mai wird das Generalkonsulat der Volksrepublik in Hamburg eingeweiht. Damit existiert nach über drei Jahrzehnten wieder eine diplomatische Vertretung Chinas in Hamburg.

1986
Am 29. Mai unterzeichnen der Oberbürgermeister von Shanghai, Jiang Zemin, und Hamburgs Erster Bürgermeister, Klaus von

Dohnanyi, die Vereinbarung über eine Städtepartnerschaft zwischen Hamburg und Shanghai. Zahlreiche Gruppen und Delegationen tragen anschließend zum direkten und persönlichen Austausch bei.

1988
In Hamburg finden erstmals die China-Wochen statt, die von privater Hand organisiert und von der Kulturbehörde gefördert werden. Der Schwerpunkt liegt im kulturellen Bereich, so führt das Thalia-Theater das Stück „Yeti – Der wilde Mann" des chinesischen Dramatikers Gao Xingjian auf.

1989
Am 4. Juni beendet chinesisches Militär die Besetzung und die Proteste auf dem Tiananmen-Platz (Platz des Himmlischen Friedens), wobei landesweit eine unbekannte Anzahl von Zivilisten, vermutlich 1000 bis 3000, ums Leben kommt. Die kommunistische Führung antwortet mit Gewalt und Repressionen auf die studentische Demokratiebewegung, was erhebliche internationale Proteste provoziert. Die Aktivitäten im Rahmen der Städtepartnerschaft zwischen Hamburg und Shanghai werden vorübergehend eingefroren.

1994
Der Hamburger Theatermacher und Lichtkünstler Michael Batz initiiert am 13. Mai ein Fußballspiel zwischen Chinesen und Deutschen im „Fußballkäfig" an der Schmuckstraße in St. Pauli. Damit soll an die nationalsozialistische Verfolgung während der „Chinesenaktion" vor genau 50 Jahren erinnert werden.

1995
Die Hamburger China-Wochen finden zum zweiten Mal statt.

2001
Der Hamburger Senat startet seine China-Initiative, womit die Verbindungen nach Ostasien ausgebaut werden sollen.

2002
Die China-Wochen werden abermals ausgerichtet. Unter anderem tritt der chinesische Sänger Andy Lau in der Stadt auf.

2004
Die Handelskammer Hamburg veranstaltet vom 25.–27. November erstmals die internationale Wirtschaftskonferenz „The Hamburg Summit: China meets Europe". Zahlreiche hochrangige Politiker und Wirtschaftsexperten aus Europa und China diskutieren die gegenwärtige und zukünftige wirtschaftliche Rolle Chinas.

2005
Am 12. Oktober tritt die Fußballnationalmannschaft der Volksrepublik zu einem Freundschaftsspiel gegen die DFB-Elf in Hamburg an und verliert 0:1.

2006
Das 20-jährige Bestehen der Städtepartnerschaft zwischen Hamburg und Shanghai wird gefeiert.
Der Hamburger Senat organisiert vom 13. September bis 1. Oktober zum ersten Mal die „China Time". Zahlreiche Veranstaltungen über China-Themen aus Wirtschaft, Politik und Kultur werden angeboten. Ein Drache wird auf der Binnenalster platziert und lässt Hamburg in einem „chinesischen" Licht erscheinen.
Zwischen dem 13. und 15. September wird „The Hamburg Summit" ausgerichtet, an dem erneut namhafte Personen aus Wirtschaft und Politik teilnehmen.
Am 26. September erhält die „Shanghaibrücke" ihren Namen; sie verbindet die beiden Ufer des Brooktorhafens miteinander. Am 27. November weihen der chinesische Generalkonsul Ma Jinsheng und Senator Michael Freytag, Präses der Behörde für Stadtentwicklung und Umwelt, die „Shanghaiallee" in der HafenCity ein.

2007
Am 7. September werden die „Marco-Polo-Terrassen" am Kopfende des Grasbrookhafens in der HafenCity eingeweiht. Die Terrassen sind nach dem venezianischen Kaufmann und China-

reisenden benannt und sollen an die internationalen Verbindungen Hamburgs und seines Hafens erinnern.
Am 20. September eröffnet das Konfuzius-Institut an der Universität Hamburg, das chinesische Sprachkurse anbietet und regelmäßig Veranstaltungen durchführt.

2008

Zwischen dem 8. und 24. August werden die Olympischen Sommerspiele in Peking ausgerichtet. Angesichts der eingeschränkten Pressefreiheit und des gewaltsamen chinesischen Vorgehens in Tibet werden Proteste laut.
Vom 10. bis 12. September wird „The Hamburg Summit" ausgerichtet.
Die „China Time" findet vom 12.–27. September statt und bietet zahlreiche Veranstaltungen und „Events" wie einen chinesischen Markt auf dem Rathausmarkt an. Höhepunkt ist die Einweihung des Teehauses Yu Yuan in der Feldbrunnenstraße 67 am 25. September im Beisein des Ersten Bürgermeisters Ole von Beust. Das Teehaus nach historischem Vorbild, auch „Yu Garden" genannt, ist ein Geschenk der Shanghaier Stadtregierung und stellt eines der bedeutendsten Zeichen der Städtepartnerschaft dar.

2010

Anlässlich des deutsch-chinesischen Wissenschaftsjahres werden als Abschlussveranstaltung am 25. und 26. Juni die „großen China-Tage an der Uni Hamburg" mit rund 300 Teilnehmern organisiert.
Vom 9.–25. September wird erneut die „China Time" organisiert. Einen Höhepunkt bildet die Darbietung von 100 Drachentänzern am 26. September.
Die Wirtschaftskonferenz „The Hamburg Summit" findet am 25. und 26. November statt.

2011

Die Städtepartnerschaft zwischen Hamburg und Shanghai feiert ihr 25-jähriges Jubiläum, was mit einer Reihe von Veranstaltungen gewürdigt wird.

Anmerkungen

1. Helmut Schmidt: Nachbar China. Helmut Schmidt im Gespräch mit Frank Sieren. Berlin 2006.
2. Siehe dazu Lars Amenda/Sonja Grünen: „Tor zur Welt". Hamburg-Bilder und Hamburg-Werbung im 20. Jahrhundert. München/Hamburg 2008.
3. Adrian Hsia: Deutsche Denker über China. Frankfurt am Main 1985.
4. Madeleine Jarry: Chinoiserie. Chinese Influence on European Decorative Art in the 17th and 18th Centuries. New York 1981.
5. Walter Demel: Wie die Chinesen gelb wurden. Ein Beitrag zur Frühgeschichte der Rassentheorien, in: Historische Zeitschrift 255 (1992), S. 625–666.
6. Siehe dazu ausführlich: Eberstein: Hamburg – China, S. 32f.
7. Ebd., S. 39.
8. Zu Ballin siehe Susanne Wiborg: Albert Ballin. Hamburg 2000.
9. Otto J. Seiler: Einhundert Jahre Ostasienfahrt der Hapag-Lloyd AG 1886–1987. Hamburg 1986.
10. Johann Jakob Sturz: Die deutsche und die chinesische Aus- und Rückwanderung in ihrer Bedeutung für das deutsche Reich. Berlin 1876, S. 12.
11. Haug von Kuenheim: Carl Hagenbeck. Hamburg 2007.
12. Siehe dazu Hilke Thode-Arora: Für fünfzig Pfennig um die Welt. Die Hagenbeckschen Völkerschauen. Frankfurt am Main/New York 1989. Chinesen wurden allerdings nicht „ausgestellt". Anders als Schwarze galten sie trotz des verbreiteten Exotismus ihnen gegenüber nicht als „Naturvolk". Chinesische Artisten nahmen hingegen bereits im frühen 20. Jahrhundert regelmäßig an Zirkusschauen teil und gelangten in kleineren Gruppen auch nach Hamburg, wo sie in den verschiedenen Varietétheatern auftraten.
13. Maria Möring: Hongkong and Shanghai Banking Corporation Hamburg Branch. Hamburg 1989.
14. Bernd Eberstein: Der Ostasiatische Verein 1900-2000. Hamburg 2000.
15. Verzeichnis der auf den Hamburger Bibliotheken vorhandenen Literatur über Ostasien, Hamburg 1908.
16. Für eine sehr gelungene Gesamtdarstellung der chinesischen Geschichte siehe Jonathan D. Spence: Chinas Weg in die Moderne. Bonn 2008.
17. Susanne Kuß/Bernd Martin (Hrsg.): Das Deutsche Reich und der Boxeraufstand. München 2002.
18. StA Hamburg, 622-1 Rapp, 352 Empfang des heimkehrenden Grafen Waldersee (8.8.1901).
19. Graf von Wilamowitz-Moellendorff: Besteht eine gelbe Gefahr? Potsdam o.J. (1905), S. 21f.
20. Crayon des Hen-Schel (Pseudonym): Chinesen in Hamburg! Oder Trummer contra Rotteck. Eine Beantwortung der unter dem Titel Anti-Rotteck [...] von dem Hamburgschen Advocaten Carl Trummer, Dr. über des Professors von Rotteck Lehrbuch des Vernunftsrechts publicirten sogenannten Fragmente, Nebst einer Einleitung worin u.a. Andeutungen über *Junges Deutschland*, Menzel, Mysticismus, hrsg. v. Schröder. Stade 1837.

21 Vgl. des Hen-Schel: Chinesen in Hamburg!; zu literarischen Hamburger Chinoiserien siehe auch Eberstein: Hamburg – China, S. 18–23.
22 Jacob Gallois: Der chinesische Spion in Hamburg. Hamburg 1950; siehe dazu auch Eberstein: Hamburg – China, S. 21–23.
23 Siehe dazu Sibylle Küttner: Farbige Seeleute im Kaiserreich. Asiaten und Afrikaner im Dienst der deutschen Handelsmarine. Erfurt 2000; Hartmut Rübner: „Ausländer nach Möglichkeit sofort aus der Schifffahrt ausmerzen ..." Konflikte um die Beschäftigung chinesischer und indischer Seeleute auf den Schiffen der Bremer Ostasienlinien vom Kaiserreich bis in den NS-Staat. In: Peter Kuckuk (Hrsg.): Passagen nach Fernost. Menschen zwischen Bremen und Ostasien. Bremen 2004, S. 62–117.
24 Die Kru waren eine ethnische Gruppe in Westafrika (im Gebiet des heutigen Liberia und der Elfenbeinküste), die angesichts fehlender Hafenanlagen in vielen afrikanischen Häfen mit an Bord genommen wurden, um Dampfschiffe mittels kleiner Landungsboote zu beladen und zu löschen. Siehe Küttner: Farbige Seeleute, S. 27f.
25 Zur sozialdemokratischen Debatte siehe Gustav Eckstein: Zur Kulifrage, in: Die Neue Zeit (43) 1906/1907, S. 548–555.
26 Die Behandlung der Feuerleute auf den Schiffen des Nordd. Lloyd, in: Hamburger Echo vom 24.5.1892.
27 Siehe dazu immer noch das Standardwerk von Heinz Gollwitzer: Die Gelbe Gefahr. Geschichte eines Schlagworts. Studien zum imperialistischen Denken. Göttingen 1962.

28 Richard J. Evans (Hrsg.): Kneipengespräche im Kaiserreich. Die Stimmungsberichte der Hamburger Politischen Polizei 1892–1914. Reinbek bei Hamburg 1989, S. 359.
29 Wochenplauderei, in: Hamburger Echo vom 1.9.1901.
30 Vgl. Richard J. Evans: Tod in Hamburg. Stadt, Gesellschaft und Politik in den Cholera-Jahren 1830–1910. Reinbek bei Hamburg 1990.
31 Bernhard Nocht: Hamburg und die Hygiene. In: Journalisten- und Schriftstellerverein für Hamburg, Altona und Umgebung (Hrsg.): Unser Hamburg. o.O. (Hamburg) 1911, S. 52–53, hier S. 52 (Hervorhebung im Original).
32 Statistisches Landesamt: Statistisches Handbuch. Hamburg 1921, S. 22. Für das gesamte Deutsche Reich ermittelte die Volkszählung von 1910 nur 623 chinesische Staatsangehörige, darunter 50 weibliche, vgl. Kaiserliches Statistisches Amt: Statistisches Jahrbuch. Berlin 1914, S. 11.
33 Balder Olden: Der Hamburger Hafen. Berlin/Leipzig o.J. (1908), S. 39.
34 Staatsarchiv (StA) Hamburg, 132-1 I, 3820, Schreiben von A.F. Tai an die Oberschulbehörde (Abschrift), 23.11.1915.
35 StA Hamburg, 132-1 I, 3820, Bl. 13, Schreiben des Königlich Dänischen Generalkonsulats an Bürgermeister Predöhl, 10.9.1917.
36 Gesetz, betreffend die deutsch-chinesischen Vereinbarungen über die Wiederherstellung des Friedenszustandes vom 5.7.1921, in: Reichsgesetzblatt (1921), S. 829–838, hier S. 834.
37 Politisches Archiv des Auswärtigen Amtes (PA/AA), Berlin, R 85831,

Schreiben des Hamburger Polizeipräsidenten an die Senatskommission für die Reichs- und auswärtigen Angelegenheiten (Abschrift), 19.7.1922.
38 Ähnliche Gründe bewegten chinesische Studenten, nach Berlin zu gehen; siehe dazu Max Linde: Chinesische Studenten in Deutschland, in: Ostasiatische Rundschau 7 (1926), S. 234–235; zu „China in Berlin" im Allgemeinen siehe Kuo Heng-yü (Hrsg.): Berlin und China. Dreihundert Jahre wechselvolle Beziehungen. Berlin 1987.
39 Hans Morgenstern: Hamburgs Chinesen-Gasse, in: Niederdeutsche Monatshefte 7 (1932), S. 195–197, hier S. 195.
40 Ebd.
41 Adolf Spamer: Die Tätowierung in den deutschen Hafenstädten. Ein Versuch zur Erfassung ihrer Formen und ihres Bildgutes, hrsg. von Markus Eberwein/Werner Petermann. Mit einem Beitrag von Werner Petermann und einem Verzeichnis deutscher Tätowierstudios. München 1993 (Erstaufl. 1934), S. 42.
42 Morgenstern: Hamburgs Chinesen-Gasse, S. 196; siehe dazu auch Udo Pini: Zu Gast im alten Hamburg. Erinnerungen an Hotels, Gaststätten, Ausflugslokale, Ballhäuser, Kneipen, Cafés und Varietés. München 1987, S. 15, 172.
43 Ebd., S. 196.
44 Zu Liao siehe Kurt Werner Radtke: China's Relations With Japan, 1945-83: The Role of Liao Chengzhi. Manchester/New York 1990; Eberstein: Hamburg – China, S. 260–266.
45 Zur populären Inszenierung St. Paulis siehe meinen Artikel: „Ankerplatz der Freude". Maritime Bilder und Inszenierungen St. Paulis im 20. Jahrhundert, in: Zeitschrift des Vereins für Hamburgische Geschichte 95 (2009), S. 111–142.
46 Siehe dazu allgemein Colin Mackerras: Western Images of China. Oxford/New York 1989; für eine deutsche Perspektive siehe Mechthild Leutner: Deutsche Vorstellungen über China und Chinesen und über die Rolle der Deutschen in China, 1890–1945. In: Kuo Heng-yü (Hrsg.): Von der Kolonialpolitik zur Kooperation. Studien zur Geschichte der deutsch-chinesischen Beziehungen. München 1986, S. 401–442.
47 Siehe dazu: Chinesisches aus Hamburg. In: Hamburger Nachrichten, Nr. 24 vom 15.1.1925. In New York und San Francisco existierten gegenüber den dortigen Chinatowns ähnliche Gerüchte, die zeigen, dass damit perfekt das angeblich geheimnisvolle und kriminelle chinesische Milieu ausgemalt wurde. Siehe dazu auch meinen kurzen Artikel: Geheime Tunnel unter St. Pauli? Gerüchte über das „Chinesenviertel" in Hamburg in den 1920er Jahren, in: http://www.unter-hamburg.de/tunnel_unter_st_pauli.344.0.html (4.9.2007).
48 Siehe dazu meinen Artikel: Ausschluss und Einschleusung. Chinesische Migranten und „Illegalität" in der westlichen Welt, 1882–1932, in: IMIS-Beiträge 38 (2011) (im Erscheinen).
49 Vgl. die umfangreichen Unterlagen in StA Hamburg, 213-11, L 351/35.
50 Max Tau: Das Land, das ich verlassen mußte. Hamburg 1961, S. 140.
51 Kurt Tucholsky: Auf der Reeperbahn nachts um halb eins [1927], in: ders., Gesammelte Werke,

Sonderausgabe. Reinbek 1995, Bd. 5, S. 282–284 (der Artikel erschien erstmals unter dem Pseudonym Peter Panter in der Vossischen Zeitung vom 19.8.1927).

52 Hans Harbeck: Das Buch von Hamburg. München 1930, S. 84f. Das Buch erschien in der Reihe „Was nicht im ‚Baedeker' steht", ein ironischer Seitenhieb auf den Marktführer unter bürgerlichen Reiseführern.

53 Erich Lüth: Kleiner Führer durch Hamburg. Nauen/Berlin o.J. (1932), S. 20. (Ein „Lorgnon" ist eine Lesehilfe an einer Kette oder an einem Stiel, die vor das Auge gehalten wird.)

54 Das Bild ist reproduziert in: Winfried Reichert (Hrsg.), in Zusammenarbeit mit Rita E. Täuber: Wider die Erwartung. Elfriede Lohse-Wächtler 1899–1940. Rohenbuch bei Aschaffenburg o.J., S. 34.

55 Philipp Paneth: Nacht über St. Pauli. Ein Bildbericht. Leipzig 1931, S. 78.

56 StA Hamburg, 331-1 I, 846, Bd. 2, Gesetz zur Änderung des Hafengesetzes. Besondere Vorschriften für Seeschiffe.

57 PA/AA, R 85831, Bericht des Hamburger Polizeipräsidenten (Abschrift), 5.4.1924.

58 Ebd., Schreiben des Hamburger Polizeipräsidenten an die Senatskommission für die Reichs- und auswärtigen Angelegenheiten (Abschrift), 19.7.1922.

59 PA/AA, R 85816, Schreiben des Chinesischen Konsulats in Hamburg (Tang) an das Staatsamt für auswärtige Angelegenheiten (Abschrift), 8.12.1933. Über die Situation von Seeleuten im „Dritten Reich" siehe am Beispiel Bremens die Studie von Thomas Siemon: Ausbüxen, Vorwärtskommen, Pflicht erfüllen. Bremer Seeleute am Ende der Weimarer Republik und im Nationalsozialismus 1930–1939. Bremen 2002.

60 Frank Bajohr: „Arisierung" in Hamburg. Die Verdrängung der jüdischen Unternehmer 1933–1945. Hamburg 1997.

61 StA Hamburg, 314-15, Str 517, Ermittlungsbericht der Zollfahndungsstelle Hamburg (Westphal/Winguth), 14.10.1938.

62 StA Hamburg, 213-11, 4150/39, Schreiben der Zollfahndungsstelle Hamburg (Knoblauch) an das Devisenfahndungsamt Berlin, 8.7.1938.

63 Hans Mosolff: Die chinesische Auswanderung (Ursachen, Wesen und Wirkungen) unter besonderer Berücksichtigung der Hauptauswanderungsgebiete und mit einem ausführlichen Bericht über die deutsche Arbeiterbeschaffung für Samoa unter der deutschen Verwaltung. Rostock 1932, S. 381: „Als hausierende Kuriositätenhändler sind die Chinesen überall, selbst auf dem Lande, in kleinen Provinzstädten vereinzelt anzutreffen."

64 Vgl. Bundesarchiv (BA) Berlin, R 3101, 14253, Schreiben des Geheimen Staatspolizeiamtes (Best) an den Reichsführer-SS, 18.1.1937.

65 BA Berlin, R 3101, 14253, Schnellbrief des Reichs- und Preußischen Ministers des Innern (Heydrich) an alle außerpreußischen Landesregierungen, Geheimes Staatspolizeiamt, RKPA, sämtliche Stapoleitstellen (Abschrift), 25.1.1938.

66 StA Hamburg, 213-11, 4150/39, Schreiben der Gestapo Hamburg (II N) an die Zollfahndungsstelle

Hamburg (Abschrift), 19.9.1938 (Name geändert).
67 Tao Yun-Kuei: Chinesen-Europäerinnen-Kreuzung. (Anthropologische Untersuchungen an F1-Mischlingen.) Diss. phil., Stuttgart 1935.
68 St. Pauli im Licht. Pläne für die Reeperbahn, in: Deutsche Allgemeine Zeitung, Nr. 347/348 vom 23.7.1939.
69 PA/AA, R 41616, Schreiben des Oberkommandos der Kriegsmarine (Baecker) an das Auswärtige Amt (Rechtsabteilung), 21.7.1943.
70 PA/AA, R 41616, Schreiben des Landes-Nachforschungsdienstes des Deutschen Roten Kreuzes, Landesstelle X (Hamburg), an das Auswärtige Amt, 21.1.1944.
71 Interview mit Elfriede Krug am 14.10.1999.
72 Bundesarchiv Koblenz, Z 42 III/1870, Bl. 34, Aussage von Eva Müller (Name geändert) gegenüber dem Staatsanwalt Janczik in Bergedorf, 9.6.1948.
73 Ebd.
74 BAK, Z 42 III/1870, Bericht des Hauptpolizisten Walter Langhammer (Abschrift), 21.2.1947
75 Axel Schildt: Max Brauer. Hamburg 2002, S. 58f.
76 Siehe dazu Steve Hochstadt: Shanghai-Geschichten. Die jüdische Flucht nach China. Berlin 2007.
77 Zum Film siehe Timo Heimerdinger: „Große Freiheit Nr. 7". Zur Popularität eines Filmes zwischen Musik, Milieu und Melodramatik, in: Kieler Blätter zur Volkskunde 34 (2002), S. 183–204.
78 Zu Biografie und Werk von Hans Albers siehe Matthias Wegner: Hans Albers, Hamburg 2005.
79 Siehe dazu die tendenziöse Schrift des ehemaligen Berliner Kriminalkommissars Ernst Engelbrecht: In den Spuren des Verbrechertums. Ein Streifzug durch das großstädtische Verbrechertum und seine Schlupfwinkel. Berlin-Schöneberg o.J. (1931), S. 135–150.
80 Vgl. allgemein Nils Asmussen: Der kurze Traum von der Gerechtigkeit. „Wiedergutmachung" und NS-Verfolgte in Hamburg nach 1945. Mit einem Vorwort von Arie Goral. Hamburg 1987; Senat der Freien und Hansestadt Hamburg: Die Wiedergutmachung für die Opfer der nationalsozialistischen Verfolgung in Hamburg. Hamburg o.J. (1959).
81 Klage von C. gegen die Hansestadt Hamburg, Sozialbehörde, Berufungsstelle des Sonderhilfsausschusses, durch das Verwaltungsgericht Hamburg (Benthien) aufgenommen, undatiert, StA Hamburg, Abl. 1999/02 „Chinesen", Unterakte C. K.-H., Bl. 47.
82 Schreiben von W. G. an das Amt für Wiedergutmachung vom 26.6.1950, Sozialbehörde Hamburg, Amt für Wiedergutmachung (AfW), 191209.
83 Schreiben des Konsulats der Chinesischen Republik (Hsueh Wei-yuan) an die Wiedergutmachungsstelle vom 23.2.1950, ebd., Bl. 22.
84 Siehe dazu Patrick Wagner: Displaced Persons in Hamburg. Stationen einer halbherzigen Integration 1945 bis 1958. Hamburg 1997.
85 China in Groß-Hamburg, in: Hamburger Fremdenblatt, Nr. 182 vom 3.7.1925.
86 Vgl. Andrew Coe: Chop Suey. A Cultural History of Chinese Foods in the USA. New York/Oxford 2009.

87 Philipp Paneth: Nacht über St. Pauli, S. 78.
88 Walter Eberhard Doll: China lächelt an der Elbe. Söhne und Töchter aus dem Reich der Mitte fanden ihre zweite Heimat in Hamburg, in: Welt am Sonntag vom 13.1.1952.
89 Klein-Shanghai. Beschaulicher Rundgang durch das „fernöstliche" St. Pauli, in: Hamburger Echo vom 6.5.1950.
90 Michael Wildt: Am Beginn der ‚Konsumgesellschaft'. Mangelerfahrung, Lebenshaltung, Wohlstandshoffnung in Westdeutschland in den fünfziger Jahren. Hamburg 1994; Arne Andersen: Der Traum vom guten Leben. Alltags- und Konsumgeschichte vom Wirtschaftswunder bis heute. Frankfurt am Main/New York 1997.
91 Gelbe Küche wird modern. Die deutsche Küche steht schon längst nicht mehr auf einem (Eis-)Bein, in: Rheinischer Merkur vom 22.9.1961.
92 Horst Günther: Hamburg bei Nacht. Schmiden bei Stuttgart o.J. (1959), S. 127.
93 Stadtführer: Hamburg (1957), S. 52.
94 Bowles: Chinese of Hamburg (1992), S. 132.
95 Theodor Böttiger: Kulinarische Streifzüge durch Hamburg. 47 Restaurants und 90 Rezepte ihrer Spezialitäten. Zürich 1966, S. 80; Gerriet E. Ulrich: Mit Reiswein, Wodka und Campari, in: Hamburger Journal 4 (1956), Nr. 20, S. 18–21.
96 „Waldquelle" serviert, in: Bild-Zeitung vom 4.6.1953.
97 Haifischflossen und Pekingente, in: Bild-Zeitung vom 18.2.1958; Neues China-Restaurant in Hamburg, in: Hamburger Abendblatt vom 14.2.1958.
98 China liegt gleich neben Paris. Internationale Gastronomie – überall zu finden, in: Das Gasthaus. Zeitschrift für das Gaststätten- und Hotelgewerbe. Offizielles Organ des Landesverbandes des Gaststätten- und Hotelgewerbes der Hansestadt Hamburg e.V. 14 (1962), Nr. 14, S. 8.
99 Stahl/Wien: Hamburg von 7-7 (1968), S. 327f.
100 Kuan Y. C.: Mein Leben unter zwei Himmeln. Eine Lebensgeschichte zwischen Shanghai und Hamburg. Bern/München/Wien 2001, S. 501f.
101 Protokoll der Besprechung der Ausländerreferenten des Bundes und der Länder am 27./28. September 1967 in Massen, StA Hamburg, 136-1, 699. Auch in Bremen/Bremerhaven waren die meisten gemeldeten chinesischen Staatsangehörigen mit der Schifffahrt verbunden: von den 251 in Bremen statistisch erfassten Chinesen arbeiteten 160 auf Seeschiffen.
102 Die Küchen der Welt in unserer Stadt, in: Hamburger Abendblatt vom 21.6.1972. Auf der farbigen Karte war zu lesen: „Die Doppelkarte soll den ‚Urlaub in Hamburg' würzen." Damit verwiesen die Herausgeber treffenderweise auf den Charakter einer „kulinarischen Reise", den die Hamburger Bevölkerung in die immer zahlreicher werdenden China-Restaurants unternahm.
103 Endlich ein China-Restaurant in Wandsbek …, in: Hamburger Abendblatt vom 25.1.1973.
104 Landesverband des Gaststätten- und Hotelgewerbes der Hansestadt

Hamburg e.V., Jahresbericht 1982/83 (o.J.), S. 49.
[105] Hans Stumpfeldt: China-Restaurants in Hamburg, in: Hamburger China-Notizen 2005 (http://www.stumpfeldt.de/hcn/hcn4/ch.html).
[106] Kao Guang-Shi: Chinesisches Kochbuch mit Streifzug durch die Kultur der Chinesen. Hamburg 1960.
[107] Siehe allgemein Gundula Linck: Frau und Familie in China. München 1988; ein frühes „Aufklärungsbuch" über die chinesische Kultur und die Bedeutung der Familie in China für deutsche Leser ist: Lin Tsiu Sen: Familienleben in China, Mit einer Einführung von SE. Excellenz dem außerordentlichen Gesandten und bevollmächtigten Minister der chinesischen Republik für das Deutsche Reich Liu Chung Chieh. Berlin 1934.
[108] StA Hamburg, 213-11, L 351/35, Bl. 114a.
[109] Zum chinesischen Verein siehe die vereinseigene Festschrift: Xi De Hanbao Zhonghua Huiguan, Liu Shi Zhou Nian Jinian Tekan, Hamburg 1989 (60 Jahre Chinesischer Verein in Hamburg, unveröffentlichtes Manuskript).
[110] Eberstein: Hamburg – China, S. 260.
[111] Ebd., S. 4.
[112] Chinesisch-Unterricht in der Oderfelder Straße, in: Hamburger Abendblatt vom 12.10.1970; Walter Spiegel: Gelbe Restaurateure wollen nicht heim, in: Die Welt vom 11.2.1972.
[113] Kuan: Mein Leben zwischen zwei Himmeln, S. 521.
[114] Chinesen bauen sich ein Heim Im Winkel, in: Hamburger Abendblatt, 19.10.1962; vgl. dazu auch Eberstein: Hamburg – China, S. 267–269; Klaus Brockmann: Heim für Seeleute, in: Hamburger China-Notizen, Nr. 26, 2003.
[115] Sieben Seemeilen weg vom Hafen. Eppendorf: Chinesisches Seemannsheim, in: Hamburger Abendblatt, Nr. 35 vom 11.2.1971.
[116] Auskunft des Einwohner-Zentralamtes der Freien und Hansestadt Hamburg (Plagemann), 24.11.2003; zu Einbürgerungen von Chinesen in Hamburg in der Nachkriegszeit siehe auch Bowles: Chinese of Hamburg, S. 153.
[117] Gibt's bald ein Chinatown an der Alster? Die rund 650 Asiaten in Hamburg wollen sich fester zusammenschließen, in: Hamburger Abendblatt vom 18.3.1988.
[118] Siehe Thomas Weyrauch: Fluchtziel Deutschland. Migranten aus der Volksrepublik China. Hintergründe, Determinanten und Motive. Dortmund 1995, bes. S. 7.
[119] Klara Jobstmann: Die Einstellung in Hamburg lebender Chinesen zu chinesischer und westlicher Medizin, Magisterarbeit, Hamburg 1986.
[120] Vgl. Eberstein: Hamburg – China, S. 272–278.
[121] StA Hamburg, 361-6, IV 1708 Schang, Yen Liu.
[122] Siehe allgemein Thomas Harnisch: Chinesische Studenten in Deutschland. Geschichte und Wirkung ihrer Studienaufenthalte in den Jahren 1860 bis 1945. Hamburg 1999; Meng Hong: Das Auslandsstudium von Chinesen in Deutschland (1861–2001). Ein Beispiel internationaler Studentenmobilität im Rahmen chinesischer Modernisierung. Frankfurt am Main 2005.
[123] Siehe dazu zeitgenössisch: Max Linde: Chinesische Studenten in

124 Deutschland, in: Ostasiatische Rundschau 7 (1926), S. 234-235.
124 Akademische Auslandsstelle Hamburg, Studien- und Lebensverhältnisse an der Hamburgischen Universität, S. 4.
125 Eckart Krause/Ludwig Huber/Holger Fischer (Hrsg.): Hochschulalltag im „Dritten Reich". Die Hamburger Universität 1933–1945. Berlin/Hamburg 1991.
126 StA Hamburg, 131-4, 1934 A 11/12, Bl. 1, Aufstellung der im Sommersemester 1936 an der Hansischen Universität studierenden Ausländer (Rein), 9.6.1936.
127 Harnisch: Chinesische Studenten in Deutschland, S. 436.
128 StA Hamburg, 361-5 II, Ak 12, Lebenslauf von King Tsai-hsing, 26.9.1946.
129 Meng: Das Auslandsstudium von Chinesen in Deutschland, S. 174.
130 Siehe dazu ausführlich Meng.
131 Hans-Wilhelm Schütte (Hrsg.): Fünfzig Jahre Institut für Asienkunde. Hamburg 2006.
132 Hamburg-China City Guide 2009 / Hanbao Zhongguo cheng shi zhi nan 2009 (Carsten Krause), Hamburg 2009.
133 Wochenplauderei, in: Hamburger Echo, Nr. 204 vom 1.9.1901; siehe auch: Die Tschuniade, in: Hamburger Fremdenblatt, Nr. 205 vom 1.9.1901; zum Sühne-Prinzen Chun in Hamburg siehe auch Eberstein: Hamburg – China, S. 215-217.
134 Die chinesische Marine-Studienkommission, in: Hamburgischer Correspondent, Nr. 11 vom 10.1.1910.
135 Die chinesische Marinestudienkommission in Hamburg, in: Hamburger Fremdenblatt, Nr. 6 vom 8.1.1910; siehe auch Gezopfter Besuch, in: Hamburger Echo, Nr. 6 vom 8.1.1910.
136 Siehe beispielsweise den Artikel: Der Vormarsch der gelben Rasse, in: Frankfurter Zeitung vom 1.2.1917.
137 Siehe dazu auch Eberstein: Hamburg – China, S. 252.
138 StA Hamburg, 132-1 II, 726 UA 49, Bl. 4 (Anlage), Programm des Besuchs des Chinesischen Gesandten Liu Chung Chieh.
139 Zur Person des chinesischen Konsuls siehe seinen Artikel: Hsueh Wei-yuan: Die chinesische Kolonie lebt in guter Eintracht mit der Bevölkerung der Hansestadt („CD in Hamburg"), in: Hamburger Allgemeine Zeitung vom 17.6.1949.
140 Siehe dazu Alexander Troche: „Berlin wird am Mekong verteidigt". Die Ostasienpolitik der Bundesrepublik in China, Taiwan und Süd-Vietnam 1954-1966. Düsseldorf 2001.
141 Eberstein: Hamburg – China, S. 309.
142 Siehe dazu Shanghai – Hamburgs Partnerstadt in China. Neuauflage zum 20-jährigen Bestehen der Städtepartnerschaft. Hamburg 2006; dazu erschien ebenfalls Julia Dautel (Hrsg.): Hamburg Shanghai. Ein gemeinsames Buch zur Partnerschaft = Hanbao Shanghai. [Hamburg] 2006.
143 Zu Flüchtlingen siehe Weyrauch: Fluchtziel Deutschland, S. 123f.
144 Eine Auflistung der gegenseitigen Besuche der Bürgermeister und Vizebürgermeister findet sich in: Shanghai – Hamburgs Partnerstadt in China, S. 143
145 Für China die wichtigste Stadt Europas, in: Der Spiegel, 1986, Nr. 29.

146 Siehe dazu Dautel (Hrsg.): Hamburg Shanghai.
147 Eberstein: Hamburg – China, S. 221–226.
148 Siehe dazu Astrid Freyeisen: Shanghai und die Politik des Dritten Reiches. Würzburg 2000.
149 Gesetz, betreffend die deutsch-chinesischen Vereinbarungen über die Wiederherstellung des Friedenszustandes vom 5.7.1921, in: Reichsgesetzblatt (RGBl.) 1921, S. 829–838, hier S. 834.
150 Siehe dazu die Unterlagen in StA Hamburg, 314-15, R 1935/290.
151 Eberstein: Hamburg – China, S. 307.
152 Hamburgische Gesellschaft für Wirtschaftsförderung mbH, Chinesische Firmen in Hamburg. Eine Studie über die Aktivitäten und Pläne. Hamburg 2005, S. 11.
153 Ebd.
154 Volker Meister: Chinesische Kaufmannschaft kritisiert Hamburg, in: Hamburger Abendblatt, 4.11.2010.
155 Für die Entwicklung des Hamburger Hafens siehe Reimer Eilers: Das neue Tor zur Welt. Vierzig Jahre Container im Hamburger Hafen. Hamburg 2009; zeitgenössisch Hans Jürgen Witthöft: Container. Transportrevolution unseres Jahrhunderts. Herford 1977.
156 Siehe dazu ausführlich Marc Levinson: The Box. How the Shipping Container Made the World Smaller and the World Economy Bigger. Princeton 2006.
157 Für die genaue Entwicklung und die intensiven Debatten siehe die monatlichen Ausgaben des „Containerisation International Yearbook", das ab 1971 erschien.
158 TEU steht für Twenty-foot Equivalent Unit.
159 Siehe dazu etwa: Wenn China hüstelt, hat Hamburg die Grippe, in: Handelsblatt vom 12.8.2008.
160 Rolf Zamponi: China hilft dem Hamburger Hafen wieder auf die Beine, in: Hamburger Abendblatt vom 5.7.2010.
161 Linda von Nerée: Das touristische Potential Hamburgs für chinesische Europa-Reisende. Stuttgart 2009.
162 Siehe dazu auch die kurze Darstellung: http://www.hamburg.de/206278/kooperationsstelle.html (13.9.2010).
163 Ralf Nehmzow: Der Plan: Eine China-Stadt mitten in Hamburg, in: Hamburger Abendblatt vom 5.11.2006.
164 China-Town in Oranienburg vor dem Aus?, in: Die Welt vom 3.1.2008.
165 Eröffnung von Marco-Polo-Terrassen und Vasco-da-Gama-Platz, in: Hamburger Abendblatt vom 7.9.2007.
166 Aresa Brand (Hrsg.): China-Wochen Hamburg 2002: Shanghai. Hamburg 2002.
167 Informationen dazu finden sich auf der offiziellen Website: http://archiv.chinatimehamburg.de/2006/cms/website.php?id=/de/chinatime.htm (10.9.2010).
168 Florian Kain: Hamburg wirbt weltweit für China-Wochen, in: Hamburger Abendblatt vom 30.6.2006.
169 Siehe dazu den offiziellen Internetauftritt: http://archiv.chinatimehamburg.de/2008/cms/website.php?id=/de/index.html; sowie Hamburg Marketing GmbH, China Time Hamburg 2008: Pressemappe.
170 Siehe dazu die Broschüre: Visionen für die Stadt der Zukunft, Hamburg 2010. http://static.hamburg.

de/fhh/behoerden/sk/chinatime/ programmheft.
171 Zitiert nach http://www.hamburg-china.de/bilder/2010/09/PM_CHINA-TIME-Hamburg-2010_Auftaktmeldung1.pdf (12.10.2010).
172 Siehe dazu die offizielle Website http://www.hamburg-summit.com.
173 http://www.hamburg-summit.com/hamburgsummit/pdfs/2006/Speech-WenJiabao130906.pdf (12.10.2010).
174 http://www.marketing.hamburg.de/Hamburg-das-China-Zentrum-in.192.0.html (3.9.2010).
175 Freihafen gegen Flughafen, in: Frankfurter Allgemeine Zeitung vom 13.6.2006.
176 Eberstein: Hamburg – China, S. 468.

Literatur

Lars Amenda: Fremde – Hafen – Stadt. Chinesische Migration und ihre Wahrnehmung in Hamburg 1897–1972. München/Hamburg 2006.

Lars Amenda/Sonja Grünen: „Tor zur Welt". Hamburg-Bilder und Hamburg-Werbung im 20. Jahrhundert. München/Hamburg 2008.

Arne Andersen: Der Traum vom guten Leben. Alltags- und Konsumgeschichte vom Wirtschaftswunder bis heute. Frankfurt am Main/New York 1997.

Nils Asmussen: Der kurze Traum von der Gerechtigkeit. „Wiedergutmachung" und NS-Verfolgte in Hamburg nach 1945. Mit einem Vorwort von Arie Goral. Hamburg 1987.

Jens Aßmann (Hrsg.): Chinesische Unternehmen in Hamburg – Chancen und Potenziale für den Wirtschaftsraum. Hamburg 2003.

Frank Bajohr: „Arisierung" in Hamburg. Die Verdrängung der jüdischen Unternehmer 1933–1945. Hamburg 1997.

Sybille Baumbach/Claudia Thorn: Shanghai als Exil für Hamburger Juden im Dritten Reich. In: Hamburg Liaison Office Shanghai (Hrsg.): Hamburg Shanghai. Ein gemeinsames Buch zur Partnerschaft. Shanghai/Hamburg 2006, S. 179–183.

Theodor Böttiger: Kulinarische Streifzüge durch Hamburg. 47 Restaurants und 90 Rezepte ihrer Spezialitäten. Zürich 1966.

Edith H. Bowles: The Chinese of Hamburg, Germany: Migration and Community. Hawaii 1992 (Magisterarbeit).

Aresa Brand (Hrsg.): China-Wochen Hamburg 2002: Shanghai. Hamburg 2002.

Chinesische Firmen in Hamburg. Eine Studie über die Aktivitäten und Pläne chinesischer Firmen am Standort Hamburg. Hamburg [2005].

Andrew Coe: Chop Suey. A Cultural History of Chinese Foods in the United States. New York/Oxford 2009.

Crayon des Hen-Schel (Pseudonym): Chinesen in Hamburg! Oder Trummer contra Rotteck. Eine Beantwortung der unter dem Titel Anti-Rotteck […] von dem Hamburgschen Advocaten Carl Trummer, Dr. über des Professors von Rotteck Lehrbuch des Vernunftsrechts publicirten sogenannten Fragmente, Nebst einer Einleitung worin u.a. Andeutungen über *Junges Deutschland*, Menzel, Mysticismus, hrsg. v. Schröder. Stade 1837.

Julia Dautel (Hrsg.): Hamburg Shanghai. Ein gemeinsames Buch zur Partnerschaft = Hanbao Shanghai. [Hamburg] 2006.

Walter Demel: Wie die Chinesen gelb wurden. Ein Beitrag zur Frühgeschichte der Rassentheorien. In: Historische Zeitschrift 255 (1992), S. 625–666.

Daniel Drewer/Ingmar Herr: Chinesen in Hamburg. [1989] (unveröff. Manuskript).

Helmut Ebeling: Schwarze Chronik einer Weltstadt. Hamburger Kriminalgeschichte 1919 bis 1945. Hamburg 1980.

Bernd Eberstein: Hamburg – China. Geschichte einer Partnerschaft. Hamburg 1988.

Bernd Eberstein: Der Ostasiatische Verein 1900–2000. Hamburg 2000.

Bernd Eberstein: Preußen und China. Eine Geschichte schwieriger Beziehungen. Berlin 2007.

Gustav Eckstein: Zur Kulifrage. In: Die Neue Zeit, Wochenschrift der Deutschen Sozialdemokratie 25 (1906/1907), S. 548–555.

Ernst Engelbrecht: In den Spuren des Verbrechertums. Ein Streifzug durch das großstädtische Verbrechertum und seine Schlupfwinkel. Berlin-Schöneberg [1931].

Cornelia Essner: Die „Nürnberger Gesetze" oder Die Verwaltung des Rassenwahns 1933–1945. Paderborn u.a. 2002.

Richard J. Evans: Tod in Hamburg. Stadt, Gesellschaft und Politik in den Cholera-Jahren 1830–1910. Reinbek 1990.

Otto Franke: Ostasiatische Neubildungen. Beiträge zum Verständnis der politischen und kulturellen Entwicklungs-Vorgänge im Fernen Osten. Mit einem Anhange: Die Sinologischen Studien in Deutschland. Hamburg 1911.

Jacob Gallois: Der chinesische Spion in Hamburg. Hamburg 1950.

Heinz Gollwitzer: Die Gelbe Gefahr. Geschichte eines Schlagworts. Studien zum imperialistischen Denken. Göttingen 1962.

Horst Günther: Hamburg bei Nacht. Schmiden bei Stuttgart [1959].

Hamburg Marketing GmbH: China Time Hamburg 2008. Hamburg 2008 (Pressemappe).

Hamburgische Gesellschaft für Wirtschaftsförderung mbH: Chinesische Firmen in Hamburg. Eine Studie über die Aktivitäten und Pläne. Hamburg 2005.

Hans Harbeck: Das Buch von Hamburg. München [1930].

Thomas Harnisch: Chinesische Studenten in Deutschland. Geschichte und Wirkung ihrer Studienaufenthalte in den Jahren 1860 bis 1945. Hamburg 1999.

Thorsten Hild (Hrsg.): Hamburg und China. Partnerschaft mit Tradition und Perspektive. Hamburg 2000.

Adrian Hsia: Deutsche Denker über China. Frankfurt am Main 1985.

Rolf Italiaander: Vielvölkerstaat. Hamburg und seine Nationalitäten. Düsseldorf 1986.

Rolf Italiaander: China wie es jeder liebt. Restaurant Mandarin. In: Hamburg wie es schreibt & ißt. 66 Betrachtungen Hamburger Autoren über ihre Lieblingslokale, gesammelt und hrsg. von Christian Ferber. München [1967], S. 62–66.

Madeleine Jarry: Chinoiserie. Chinese Influence on European Decorative Art in the 17th and 18th Centuries. New York 1981.

Klara Jobstmann: Die Einstellung in Hamburg lebender Chinesen zu chinesischer und westlicher Medizin. Hamburg 1986 (Magisterarbeit).

Ludwig Jürgens: Sankt Pauli. Bilder aus einer fröhlichen Welt. Hamburg 1930.

Y. C. Kuan: Mein Leben unter zwei Himmeln. Eine Lebensgeschichte zwischen Shanghai und Hamburg. Bern/München/Wien 2001.

Haug von Kuenheim: Carl Hagenbeck. Hamburg 2007 (Hamburger Köpfe).

Kuo Heng-yü (Hrsg.): Berlin und China. Dreihundert Jahre wechselvolle Beziehungen. Berlin 1987.

Eckart Krause/Ludwig Huber/Holger Fischer (Hrsg.): Hochschulalltag im „Dritten Reich". Die Hamburger Universität 1933–1945 (3 Bde.). Berlin/Hamburg 1991.

Sibylle Küttner: Farbige Seeleute im Kaiserreich. Asiaten und Afrikaner im Dienst der deutschen Handelsmarine. Erfurt 2000.

Mechthild Leutner: Deutsche Vorstellungen über China und Chinesen und über die Rolle der Deutschen in China, 1890–1945. In: Kuo Hengyü (Hrsg.): Von der Kolonialpolitik zur Kooperation. Studien zur Geschichte der deutsch-chinesischen Beziehungen. München 1986, S. 401–442.

Carlos M. Llovet Garcia: Die Entwicklung der deutsch-chinesischen Handelsbeziehungen. Ihre Bedeutung für die deutsche Exportwirtschaft im Kontext von Globalisierung und „China-Boom". Hamburg 2008.

Erich Lüth: Kleiner Führer durch Hamburg. Nauen/Berlin [1932].

Colin Mackerrass: Western Images of China. Oxford/New York 1989.

Hong Meng: Das Auslandsstudium von Chinesen in Deutschland (1861–2001). Ein Beispiel internationaler Studentenmobilität im Rahmen chinesischer Modernisierung. Frankfurt am Main 2005.

Wolfgang Michalski: Hamburg. Erfolge und Erfahrungen in der globalisierten Welt. Hamburg 2010.

Heiko Möhle (Hrsg.): Branntwein, Bibeln und Bananen. Der deutsche Kolonialismus in Afrika – Eine Spurensuche. Hamburg 1999.

Maria Möring: Hongkong and Shanghai Banking Corporation Hamburg Branch. Hamburg 1989.

Hans Morgenstern: Hamburgs Chinesen-Gasse. In: Niederdeutsche Monatshefte 7 (1932), S. 195–197.

Hans Mosolff: Die chinesische Auswanderung (Ursachen, Wesen und Wirkungen) unter besonderer Berücksichtigung der Hauptauswanderungsgebiete und mit einem ausführlichen Bericht über die deutsche Arbeiterbeschaffung für Samoa unter der deutschen Verwaltung. Rostock 1932.

Bernhard Nocht: Hamburg und die Hygiene. In: Journalisten- und Schriftstellerverein für Hamburg, Altona und Umgebung (Hrsg.): Unser Hamburg. [Hamburg] 1911, S. 52–53.

Philipp Paneth: Nacht über St. Pauli. Ein Bildbericht. Leipzig 1931.

Udo Pini: Zu Gast im alten Hamburg. Erinnerungen an Hotels, Gaststätten, Ausflugslokale, Ballhäuser, Kneipen, Cafés und Varietés. München 1987.

Friedrich Ratzel: Die chinesische Auswanderung. Ein Beitrag zur Cultur- und Handelsgeographie. Breslau 1876.

Winfried Reichert (Hrsg., in Zusammenarbeit mit Rita E. Täuber): Wider die Erwartung. Elfriede Lohse-Wächtler 1899–1940. Rohenbuch bei Aschaffenburg o.J.

Carola Richter/Sebastian Gebauer: Die China-Berichterstattung in den deutschen Medien, hrsg. von der Heinrich-Böll-Stiftung. Berlin 2010.

Axel Schildt: Max Brauer. Hamburg 2002 (Hamburger Köpfe).

Helmut Schmidt: Nachbar China. Helmut Schmidt im Gespräch mit Frank Sieren. Berlin 2006.

Senat der Freien und Hansestadt Hamburg: Die Wiedergutmachung für die Opfer der nationalsozialistischen Verfolgung in Hamburg. Hamburg [1959].

Thomas Siemon: Ausbüxen, Vorwärtskommen, Pflicht erfüllen. Bremer Seeleute am Ende der Weimarer Republik und im Nationalsozialismus 1930–1939. Bremen 2002.

Frank Sieren: Der China Schock. Wie Peking sich die Welt gefügig macht. Berlin 2008.

Adolf Spamer: Die Tätowierung in den deutschen Hafenstädten. Ein Versuch zur Erfassung ihrer Formen und ihres Bildgutes, hrsg. von Markus Eberwein/Werner Petermann. Mit einem Beitrag von Werner Petermann und einem Verzeichnis deutscher Tätowierstudios. München 1993 (Erstaufl. 1934).

Jonathan D. Spence: Chinas Weg in die Moderne. Bonn 2008.

Walter Stahl/Dieter Wien: Hamburg von 7–7. Hamburg 1968 (5., überarb. Aufl.; Erstaufl. 1966).

Brunhild Staiger (Hrsg.): Shanghai – Hamburgs Partnerstadt in China. Hamburg 2002.

Johann Jakob Sturz: Die deutsche und die chinesische Aus- und Rückwanderung in ihrer Bedeutung für das Deutsche Reich. Berlin 1876.

Tao Yun-Kuei: Chinesen-Europäerinnen-Kreuzung. (Anthropologische Untersuchungen an F1-Mischlingen.) Stuttgart 1935 (Diss. phil.).

Max Tau: Das Land, das ich verlassen mußte. Hamburg 1961.

Kurt Tucholsky: Auf der Reeperbahn nachts um halb eins [1927]. In: ders., Gesammelte Werke, Sonderausgabe, Reinbek 1995, Bd. 5, S. 282–284.

Denniy Turley (Hrsg.): Hamburg. What You Need To Know. Hamburg 1957.

Verzeichnis der auf den Hamburger Bibliotheken vorhandenen Literatur über Ostasien. Hamburg 1908.

Patrick Wagner: Displaced Persons in Hamburg. Stationen einer halbherzigen Integration 1945 bis 1958. Mit einem Beitrag von Alfons Kenkmann. Hamburg 1997.

Matthias Wegner: Hans Albers. Hamburg 2005 (Hamburger Köpfe).

Thomas Weyrauch: Fluchtziel Deutschland. Migranten aus der Volksrepublik China. Hintergründe, Determinanten und Motive. Dortmund 1995.

Susanne Wiborg: Albert Ballin. Hamburg 2000 (Hamburger Köpfe).

Michael Wildt: Am Beginn der ‚Konsumgesellschaft'. Mangelerfahrung, Lebenshaltung, Wohlstandshoffnung in Westdeutschland in den fünfziger Jahren. Hamburg 1994.

Xi De Hanbao Zhonghua Huiguan, Liu Shi Zhou Nian Jinian Tekan [60 Jahre Chinesischer Verein in Hamburg]. Hamburg 1989 (unveröff. Manuskript).

Zwischen Fremdheit und Nähe. China und Nordelbien: 100 Jahre kirchliche Beziehungen. Schenefeld 2003.

Adressen

Chinesisch-Deutsche Gesellschaft e.V.
Hamburg
Ballindamm 13, IV
20095 Hamburg
Telefon: 040-32 52 79 44
Fax: 040-32 52 79 47
E-Mail: info@chdg.de
www.chdg.de

Chinesischer Akademikerverein
Hamburg e.V.
E-Mail: cavh.de@gmail.com
www.cavh.de

Chinesischer Verein in Hamburg e.V.
Oderfelder Straße 30
20149 Hamburg
Telefon: 040-47 49 45

Chinesisches Seemannsheim e.V.
Im Winkel 7
20251 Hamburg
Telefon: 040-47 25 37

Deutsche Gesellschaft für Asienkunde
e.V. (DGA)
Rothenbaumchaussee 32
20148 Hamburg
Telefon: 040-44 58 91
Fax: 040-410 79 45
E-Mail: post@asienkunde.de
www.asienkunde.de

Fachabteilung chinesische
Gastronomie
im Deutschen Hotel- und
Gaststättenverband Hamburg
(Dehoga)
Ansprechpartnerin:
Frau Ming-Chu Yu
Telefon: 040-552 37 15
(Restaurant Han Yang)
E-Mail: mingchuyu@web.de
www.chinese-cuisine.de

Generalkonsulat der
Volksrepublik China
Elbchaussee 268
22605 Hamburg
Telefon: 040-82 27 60-0

GIGA Institut für Asien-Studien
Rothenbaumchaussee 32
20148 Hamburg
Telefon: 040-42 88 74-0
Fax: 040-410 79 45
E-Mail: ias@giga-hamburg.de
www.giga-hamburg.de/ias

Hamburg Liaison Office Shanghai
Mr. Lars Anke
25/F Fortune Tower,
1568 Century Avenue
Shanghai
China
200122
Telefon: +86-21 5081 2266
Fax: +86-21 6875 8531
www.hamburgshanghai.org

Hamburger China-Gesellschaft e.V.
Spaldingstraße 210
20097 Hamburg
Telefon und Fax: 040-250 84 15
E-Mail: info@hcg-ev.de
www.hcg-ev.de

Hamburger Sinologische
Gesellschaft e.V.
c/o Universität Hamburg,
Asien Afrika Institut
Edmund-Siemers-Allee 1 (Ostflügel)
20146 Hamburg
Telefon: 040-42838 4878
Fax: 040-42838 3106
E-Mail: post@hsg-ev.de
www.hsg-ev.de

Hanhua Chinesisch-Schule e.V.
Maimoortwiete 6
22179 Hamburg
Telefon: 040-53 05 43 92
Fax: 040-413 45 30 53
www.hanhua.de

HanseMerkur Zentrum
für Traditionelle Chinesische Medizin
am Universitätsklinikum Hamburg-
Eppendorf
Martinistraße 52, Haus Ost 55
20246 Hamburg
Telefon: 040-429 16 350
Fax: 040-429 16 349
E-Mail: info@tcm-am-uke.de
Internet: www.tcm-am-uke.de

Konfuzius-Institut an der Universität
Hamburg e.V.
Schlüterstraße 64
20146 Hamburg
Telefon: 040-42838 7978
Fax: 040-42838 7147
Mail: info@konfuzius-institut-
hamburg.de

Ostasiatischer Verein e.V. (OAV)
German Asia-Pacific Business Association
Bleichenbrücke 9
20354 Hamburg
Telefon: 040-35 75 59-0
Fax: 040-35 75 59-25
E-Mail: oav@oav.de
www.oav.de

Senatskanzlei – Staatsamt
Abteilung für Internationale
Zusammenarbeit
Koordinationsstelle CHINA TIME
Ansprechpartnerin: Frau Henriette
Hintelmann
Telefon: 040-428 31-23 77
Fax: 040-428 31-13 79
E-Mail: Henriette-Hintelmann@
sk.hamburg.de
www.asien.hamburg.de

Vereinigung der chinesischen Kauf-
mannschaft in Deutschland e.V.
Ansprechpartner: Herr Chen Mang
Eiffestraße 16
20537 Hamburg
Telefon: 040-82 22 51-929

Index

A

Albers, Hans 79
Alkohol 38, 52, 58, 66
Altona 56, 78
Amsterdam 144
An der Alster 88–90
Antwerpen 28, 59
Anwerbeverträge 93
Araber 47
Arbeitsamt Hamburg 75
Arbeitserziehungslager Nordmark 76
Arbeitserziehungslager Wilhelmsburg 76–78
Arbeitslosigkeit 48, 69
Architektur 18, 123, 149, 152, 156
Asia-Haus 30
Asien-Afrika-Institut 121
ASTA-Ausländerreferat 120f.
Asylanträge 112, 119
August der Starke 18
Ausländerpolitik 93
Auswärtiges Amt (Berlin) 51, 66f., 122, 131
Auswanderung 12f., 102f.
Ausweisung 59, 73

B

Badische Anilin- und Soda-Fabrik (BASF) 28
Bärthel, Hermann 63
Bajohr, Frank 71
Balck, Gustav C. H. J. 30
Ballin, Albert 23, 25, 28
Bambus 24, 31
Batavia 24
Baur, Friedrich 19
Baurs Park 18f.
Berenberg, Gossler & Co. 7, 24, 31
Berlin 79, 84, 116f., 128f., 144, 153
Beust, Ole von 136, 155, 162f., 171
Bier 23
Bismarck, Otto von 127f.
Blinde Passagiere 61

Blohm + Voss 129
„Boat People" 110, 119
Bonn 145
Boxeraufstand 33f., 128, 130
Brandt, Willy 134
Brauer, Max 8, 78
Bremen 23, 28, 34, 46, 49, 72, 75
Bucerius Law School 123
Bundesministerium für Bildung und Forschung 124

C

Café und Ballhaus Cheong Shing 56, 58, 63f., 103–105
Carlowitz, Richard von 25
Carlowitz & Co. 24f., 141
Charleston 64
Chen Chi Ling 104, 106f.
Chen Chun Ching 107, 109
Chen Mang 147
Chiang Kai-shek 75, 81, 133
China-Restaurants 84f., 88, 90–99, 111, 168
China Shipping Container Lines 149–151
„China Time" 138, 159–164, 170f.
China United Trading Corporation 145
Chinatown 45, 55, 93, 111f., 156f.
China-Wochen 159
China-Zentrum 112, 136, 155, 158–160, 164f., 171
Chinese Exclusion Act 61
Chinesenaktion 76, 79, 86, 168
Chinesenviertel 41, 45, 55, 59–67, 70f., 79, 87, 97, 101, 112, 168
Chinesisch (Dialekte) 14, 17, 39, 71, 103f.
Chinesisch-Deutsche Gesellschaft 159, 198
Chinesische Militärmission (Berlin) 133

Chinesische Republik 131
Chinesischer Verein in Hamburg 103–108, 112, 116, 198
Chinesisches Seemannsheim 108f., 198
Chinesisches Thee-Hause 30
Chinoiserie 18f., 167
Choleraepidemie 1892 45, 67
Chong Tin Lam 69, 76, 87, 93
Colonnaden 88f.
Chop Suey 54, 84f.
Choy Loy 61
Community 101, 104–106, 108, 110–112, 157, 168
Containerisierung 7, 147f.
Container-Schifffahrt 11, 13, 147–152, 155, 165
Crayon des Hen-Schel 35

D
Dampfschifffahrt 30, 37–41, 51, 59, 147, 167
Davidstraße 85f.
Delegationen 129, 134
Deutscher Akademischer Auslandsdienst (DAAD) 124
Deutscher Hotel- und Gaststättenverband (Dehoga) 98
Devisen 70f., 144
Diplomaten 91
Displaced Persons 81
Dohnanyi, Klaus von 135f.
Dolmetscher 46, 115f.
Drogenhandel 61

E
East India Company 22
Eberstein, Bernd 24, 32f., 106, 112, 121, 131, 134, 167
Effi Briest 35
Einbürgerungen 111
Elbphilharmonie 156
Eppendorf 107, 109, 113
Ernährung 48, 87
Erster Weltkrieg 45, 47f., 51, 74f., 104, 115, 118, 129–131, 134, 141
Exotik 60, 84, 157

F
Familie 13, 24, 40, 52, 88, 94, 101f., 110
„Farbige Seeleute" 37, 40, 44f., 47, 70
„Feindliche Ausländer" 47, 75
Film 78f., 164
Flensburg 76
Fok Kam Sing 55, 57f.
Fontane, Theodor 35
Forke, Alfred 115f.
Franke, Otto 115, 121
Franke, Wolfgang 121
Frankfurt am Main 164
Frankreich 33, 116
Frauen 39, 45, 58, 64, 73, 76, 102, 104
„Fremdenplage" 52
Fremdenverkehrsverein 84
Fremdheit 17, 48, 60, 63, 84, 120
Friedrich der Große 18, 22
Fu Manchu 60
Führerstadt 73
Fuhlsbüttel 76f., 80
Fuzhou 22

G
Gallois, Jacob 35
Gao Xingjian 159
Gastarbeiter 111
Gelbe Gefahr 41, 131
Generalkonsulat (Bundesrepublik) 93
Gerkan, Meinhard von 123
German Institute of Global and Area Studies (GIGA) 122
Gestapo 71, 73, 76f., 79f., 132, 168
Gewürze 24, 31, 83, 99
Giesler, Hans-Bernd 159
Globalisierung 12, 14, 135f., 148, 171
Griechen 118
Großbritannien 22, 31, 33, 75, 111
Große Freiheit 55f, 64, 78f., 83, 103f.
Große Freiheit Nr. 7 78f.
Guangdong 39f., 52, 104

H

Hachmann, Gerhard 34
Hafenarbeiter 56
Hafenarzt 45, 47
HafenCity 149, 152, 156–158
HafenCity Universität Hamburg 123
Hafengesetz 66f.
Hafenkrankenhaus 45
Hafenpolizei 45, 66
Hafenrundfahrt 127
Hagenbeck, Carl 31
Hamburg Marketing GmbH 155, 162, 164
Hamburg Port Authority 152
Hamburg Summit 162f., 171
Hamburg-Amerika Linie (siehe Hapag)
Hamburger Berg (Heinestraße) 69, 85, 93
Hamburger China-Gesellschaft e.V. 158
Hamburger China-Nachrichten 158
Hamburger Fakultät Wirtschafts- und Sozialwissenschaften 122
Hamburger Hafen 13, 28, 34, 37, 41, 46f., 72, 74, 85, 116, 127, 129, 144, 146f., 149, 150–152, 164f., 167
Hamburger Kolonialwoche 131
Hamburger Senat 34, 45, 48, 66, 93, 132, 134, 136, 147, 155f., 159, 171
Hamburgführer 64, 83f.
Hamburgische Gesellschaft für Wirtschaftsförderung 146, 155
Han Yang (Lokal) 98
Handelshäuser 24, 28, 32, 143
Handelskammer Hamburg 156, 162–164
Hanhua Chinesisch-Schule e.V. 112, 199
Hanisch, Erich 76–78
Hans-Albers-Platz (Wilhelmplatz) 69, 85, 91
Hapag 23, 25, 27f., 37f., 46–48, 69, 74, 80, 105, 147f.
Hapag-Lloyd AG 147f.
Harkort, Bernhard 25
Hautfarbe 19, 22, 46

Heine, Heinrich 24
Heine, Salomon 24
Heizer 37–43, 52, 69, 95, 101, 103, 167
Herder, Johann Gottfried 19
Heuerbüro 55
Heydrich, Reinhard 72
Hitler, Adolf 8, 74
Hitzschlag 38
Ho Ping 85–87
Hongkong 22, 24, 28, 34, 40, 51, 72, 88, 92f., 141, 148f., 167
Hongkong and Shanghai Banking Corporation 31
Hongkong-Bar 87
Hongkong-Restaurant 93
Hotel Atlantic 132
Hsueh Wei-yuan 80f., 133
Hua Guofeng 134
Hüpeden, Hans 141
Hunnenrede 33, 128
Hygienevorstellungen 67

I

Illegalität 61, 71
Imperator 47
Inder 47
Indonesien 110, 119
Inflation 52
Innenstadt 31, 83f., 88, 91, 95, 97, 159, 161
Institut für Asienkunde 108, 122, 155
Integration 111, 118
Internationale der Seeleute und Hafenarbeiter (ISH) 59
Internationaler Seemannsclub 59
Internationalität 46, 53, 79, 168
Italiener 94

J

Japan 41, 47f., 51, 75, 116, 130–133, 136, 144f., 147f.
Jäger, Fritz 105, 115f., 121
Jardine, Matheson & Co. 141
Jazz 56, 83
Jebsen & Jessen 24, 28, 141

Jesuiten 18
Jiang Zemin 135
Jiangsu 90
Juden 8, 69, 71, 73, 76, 78, 84, 116
Jürgens, Ludwig 53, 60, 62

K
Käutner, Helmut 78
Kalter Krieg 81, 107, 134, 138, 168
Kamelie 31
Kanton (Guangzhou) 7, 14, 22–25, 39, 46, 63, 83, 104, 115, 148, 167
Kao Guang-Shi 88
Kaufleute (Chinesen) 141, 144, 147
Kaufleute (Hamburger) 23, 31f., 41, 141, 144, 167
Kellerlokale 55
Kellner 75, 79, 93f.
Ketteler, Clemens von 33
Ketten-Migration 102
Kiautschou 23, 28, 34, 47, 51, 127, 130f.
Kiel 76
Kinder 47f., 58, 63, 73, 76, 107, 110, 112
King (Lokal) 92
King Tsai-hsing 118
Kingsin-Linie 25
Kochbuch 91, 98f.
Kock Kwan Sow 46
Köche 39, 89, 93, 98f.
Kofferchinesen 72
Kolonialinstitut 115
Kolonialismus 21, 30f., 33, 38, 127, 131
Kolonialwaren 31
Komintern 59
Kommunismus 107
Kommunistische Partei Chinas 21, 59, 105, 108, 132f.
Konfuzius-Institut 121, 124, 155
Konsulate 69, 90f., 93, 131–135
Kopenhagen 49
Krause, Carsten 124, 155
Kreuzer, Josef 80
Kriminalität 61, 66, 72, 79

Krogmann, Carl Vincent 132
Kronprinz Friedrich Wilhelm 34
Kru-Boys 38
Kuan Yu-chien 108, 122
Küche (chinesische) 83–85, 87f., 90f., 93–95, 98f.
Künstler 63, 65
Küstenschifffahrt 28
„Kulis" 8, 22, 28, 38, 41, 59, 167
Kulturbehörde 159
Kulturrevolution 108, 122, 134, 145
Kung Fu 121
Kuomintang 59, 103, 105, 132f.

L
„Lästiger Ausländer" 66
Landeszentrale für politische Bildung 136
Landsmannschaften 103
Lange Reihe 144
Laskaren 38
Lau, Andy 159
Lau, Else 76
Leibniz, Gottfried Wilhelm 17
Leverkuehn, Paul 122
Li Feng 120f.
Li Hongzhang 127f.
Liao Chengzhi 59, 116
Liebesmahl 32
Limehouse 60
Lind, Theodor 30
Literatur 32, 34f., 60
Liu Chung Chieh 132
Liu Mau-Tsai 121
Liverpool 41, 45, 51, 85, 101
Lohse-Wächtler, Elfriede 65f.
Lokale 54–57, 63f., 66f., 69–71, 77, 83–95, 98, 101, 112, 156, 168
London 41, 51, 60f., 84f., 101, 111f., 156
Lüth, Erich 64
Luftkrieg 76

M
Maass, Theodor 31
Maggi 98

Malayen 46
Mandarin (Lokal) 92–94
Mandschurei 75, 132
Marco Polo 17, 157
Marco-Polo-Terrassen 157f.
Marseille 87, 135
Medizin 113
„Mein Feld ist die Welt" 23
„Michel" 153
Migration 12f., 30, 45, 58, 61, 66f., 102, 104, 107, 110f.
Ministry of War Transport 75
Missionare 18
Mittelweg 95
Morgenstern, Hans 55, 58
Müller, Paul 40

N
Nationalismus 127
Netzwerke 13, 32, 52, 72, 102, 146, 152, 164
Neu-China 56, 58
Neuengamme (Internierungslager) 78
New York City 84
Niederlande 47
Niendorf 98
Ningbo 22, 39, 104, 148
Ningpo (Lokal) 88
Nocht, Bernhard 38, 45
Norddeutscher Lloyd 28, 38–40, 55, 69, 74, 105, 147f.
NSDAP 116, 121, 141

O
Oberkommando der Marine 75
Oderfelder Straße 107
Ohlsdorfer Friedhof 105–107
Olden, Balder 46
Opium 61, 66
Opiumhöhle 61
Opiumkrieg 22, 167
Oranienburg 157
Ostasiatische Rundschau 143
Ostasiatischer Verein 8, 31f., 132f., 145, 152, 199

Ost-Ausschuß der Deutschen Wirtschaft 145
Osterhammel, Jürgen 19
Oswald, Johann Carl Heinrich Wilhelm 24

P
Pagodenturm 18f., 29
Paneth, Philipp 66, 85
Paris 84, 144
Parish & Co. 7, 24
Partnerschaften 58, 73, 110
Passagiere 73
Paustian, Gerd 88
Pearl Harbor 75
Peking 14, 33, 115, 123, 136, 146, 160
Peking (Lokal) 83f., 92
Peking-Ente 91
Peter W. Lampke GmbH 149
Pflanzen 31
Philosophie 17, 19
Plattdeutsch 109
Polizei 43, 45f., 51, 56, 59, 61, 66f., 72, 75, 102, 116, 136
Porzellan 7, 17f., 71f., 144
Preußisch-Asiatische Handlungs-Compagnie von Emden auf China 22
Prostituierte 65f., 74
Pustau, Carl Wilhelm Engelbrecht von 24

Q
Qingdao 23, 148
Qingtian 71, 104, 144

R
Ramée, Joseph 19
„Rasse" 22, 41, 60, 66f., 69, 73, 79f.
Rassenpolitik 69, 73, 132
Rathausmarkt 161
Razzien 56, 71
Reeperbahn 92
Reichenstraße 30
Reichspostdampfer 28

Reichssicherheitshauptamt 72
Reichstag 28, 41
Rentner 88
Rickmers Reederei 38, 48
Rohmer, Sax 60
Roscher, Gustav 43
Rotes Kreuz 75
Rothesoodstraße 59
Rotterdam 59, 61, 85, 101, 165
Runde, Ortwin 136

S
San Francisco 45
Sanssouci (Chinesisches Teehaus) 18
Schang Yen Liu 115
Schifffahrt 13, 28, 37, 39, 51, 69, 74, 94, 108
Schiffsverkehr 23
„Schlitzaugen" 48
Schmidt, Helmut 11, 134, 163
Schmuckstraße 54–56, 60, 62–64, 70f., 73, 75–77, 85, 88, 168
Schmuggel 61
Schulbehörde 47
Schwarze 38, 44, 46, 63
Seeleute 37–49, 51f., 55f., 58–61, 69f., 72, 74f., 77, 79, 83–85, 93f., 101, 103–106, 109, 113, 116–118, 167
Seemannsagenten 40, 106
Shandong 23, 127, 146
Shanghai 7f., 22, 24, 28, 31, 39f., 51, 72, 75, 78f., 104, 113, 122–124, 135–139, 141, 146, 148f., 153, 159, 161, 167f.
Shenzen 148
Siamesen 63
Siemssen, Georg Theodor 24
Siemssen & Co. 24, 28, 141
Singapur 28, 148
Sinologie 105, 108, 115, 119, 121
Sowjetunion 59
Sozialdemokratie 40, 129
Speer, Albert 123
Speersort 29

Sprache 14, 103f., 109f., 120
Sprachunterricht 107, 112
St. Georg 46, 144
St. Pauli 7, 41, 45f., 49, 51–56, 62–67, 71, 73–76, 79f., 83, 85, 87, 91–93, 95, 97, 104–106, 109f., 117, 129, 167f.
Staatsangehörigkeit 95, 110f.
Stadtmarketing 156, 158, 162
Städtepartnerschaft 8, 113, 135–139, 153, 159, 168
Statistik 46, 94, 110, 148
Steinert, Jürgen 134
Stiftung Deutsches Übersee-Institut 122
Straßenhändler 71f., 104, 144
Streckenbach, Bruno 132
Streik 59
Studenten 11, 63, 84, 94, 113, 116–121, 131, 136, 168
Stumpfeldt, Hans 121
Südamerika 37
Südamerikaner 63, 144
„Sühne-Prinz" Chun 128–130
Sun Yat-sen 40
Suzy Wong (Lokal) 95

T
T. E. Vidal 24
Tabakladen 55
Tätowierer 56
Tai Chi 121
Taiwan 81, 93, 106–108, 110f., 133f., 145
Talstraße 55, 57, 63f., 80, 87
Tang Caijun 131
Tanz 56, 58, 63f.
Tanz-Lehr-Institut Bärthel 63f.
Tau, Max 63
Technische Universität Harburg 122
Tee 23f., 30f.
Teehaus Yu Yuan 137f., 161
Tee-Maass 29, 31, 167
Teherani, Hadi 149, 152
Thalia-Theater 159

Index

Tiananmen-Platz (Massaker) 112, 136
Tibet 119, 138, 159
Tietgens, Rolf 70
Tofu 99
Tongji University Shanghai 123
Tor zur Welt 13, 73f., 135, 167
Tourismus 73f., 112, 152f.
Trimmer 37, 39, 72
Trummer, Carl 35
Tsingtao (Lokal) 92
Tucholsky, Kurt 63
Tunhuang (Lokal) 88–91, 98f.
Tunnelsystem 61

U
U-Boot-Krieg 130
Überarbeiter 67, 72
Umweltschutz 159, 161f.
„Ungleiche Verträge" 22, 33
Universität Hamburg 108, 115, 117, 119, 121–125
Universitätsklinikum Hamburg-Eppendorf 113, 199
Unternehmen 136, 145–147, 152, 171
Unterwelt 62
USA 23, 28, 38, 45, 54, 61, 84, 103, 116, 130, 133f., 145

V
Vasco-da-Gama-Platz 157
Vereinte Nationen 145
Vergnügungsviertel 41, 52, 74, 167
Versailler Vertrag 51, 131
Vertragshäfen 23f., 34, 39, 141
Vierjahresplan 70
Vietnam 110, 119
Völkerschauen 7, 31
„Volksgemeinschaft" 69
Volksrepublik China 81, 106, 108, 112, 122, 133f., 144f., 149, 163, 167f.
Voltaire 17
Voscherau, Henning 136

W
Wäscher 39, 46, 69, 95, 103
Wäschereien 46, 55, 75, 80
Waffenhandel 25, 31
Waldersee, Alfred von 33f.
Wandsbek 95
Wang Ah Moo 87
Wang Bu 87
Wang Jingwei 133
Weltpolitik 127
Wen Jiabao 162f.
Westertimke 75, 77
Westmann, Sylvana 110
Westphal, Erich 71
Wiedergutmachung 79, 81, 133
Wilhelm II. 32–34, 128, 130
Willy-Brandt-Straße 30
Wirtschaft 134, 145, 162
Woermann-Linie 69
Wolfgangsweg 45
Won Tip 45
Wong Bu 55
Woo Lie Kien 77
Wu Gai Ling 144

X
Xiamen 22

Y
Yangzhou 90
Yokohama 28
Yu, Ming-Chu 98, 198

Z
Zentralstelle für Chinesen 72
Zhejiang 71, 104
Zollfahndungsstelle Hamburg 71f.
Zopf 129
Zwangsarbeit 77, 81
Zweiter Weltkrieg 22, 74f., 118, 133, 144, 168

Bildnachweis

AKG, Berlin (25 u. r.); Altonaer Museum, Hamburg (23, 92); Auswärtiges Amt, Berlin (59); Axel Springer AG, Berlin (96/97); Hermann Bärthel (57, 64); bpk, Berlin (Titel u. r., 42/43, 78 r. [IFA/Emil Landenberger]); Carlowitz & Co., Hamburg, Hongkong, New York, China and Japan. Berlin 1906, S. 12 (25 o. r.); China Time 2010: Programm 2010, Hamburg 2010, Titel (162 l.); Das Gasthaus. Zeitschrift für das Gaststätten- und Hotelgewerbe. Offizielles Organ des Landesverbandes des Gaststätten- und Hotelgewerbes der Hansestadt Hamburg e.V. 14 (1960), Nr. 1, S. 10 (93); Deutsches Schiffahrtsmuseum, Bremerhaven (39); Herbert Dombrowski: Das Herz von St. Pauli. Fotografien 1956. Hamburg 1997, S. 45 (86); dpa, Frankfurt (162 r.); Bernd Eberstein: Hamburg – China. Geschichte einer Partnerschaft. Hamburg 1988, S. 175, 214, 217, 262, 275, 280 (32, 115, 116, 128, 130); Christina Grebe, Hamburg (30, 45, 105, 117, 137, 152, 153, 158); Hamburg gastronomisch '82, Hamburg 1982, S. 36 (95); Hamburg-China City Guide 2009/Hanbao Zhongguo cheng shi zhi nan 2009, (Carsten Krause), Hamburg 2009, Titel (124); Hamburger Journal 4 (1956), Nr. 20, S. 18 (89 l.); Handelskammer Hamburg, Foto: Roland Magunia (163); Hapag-Lloyd AG, Hamburg (25 l., 26/27, 148); Heimatkundliches Bildarchiv Jens Wunderlich: 29; Asmus Henkel u. a.: Sankt Pauli während des Nationalsozialismus. 2. Aufl. Hamburg 1989, S. 64 (73); Britta Hertmann (161 r.); Informationen zur politischen Bildung Nr. 289/ 2005: Volksrepublik China, S. 36. Karte: Ingenieurbüro für Kartographie, Joachim Zwick, Gießen (20/21); Ludwig Jürgens: Sankt Pauli. Bilder aus einer fröhlichen Welt. Hamburg 1930, unpaginiert (53, 54, 62); Kao Guang-Shi: Chinesisches Kochbuch mit Streifzug durch die Kultur der Chinesen, Hamburg 1960, S. 13, Titel (91, 99); Otto Erich Kiesel (Bearb.): Hamburg. Führer durch die Freie und Hansestadt Hamburg. 2., erweiterte Aufl., Hamburg 1922, S. 166 (84); Egbert Kossak: Hamburg – Die grüne Metropole. Hamburg 1996, S. 217 u. (Titel u. l., 18); Li Feng (121); National Archives, Kew (61); Ostasiatische Rundschau 1938 (142/143); Dirks Paulun: St. Pauli. Flensburg 1956 (55); Udo Pini: Zu Gast im alten Hamburg. Erinnerungen an Hotels, Gaststätten, Ausflugslokale, Ballhäuser, Kneipen, Cafés und Varietés. München 1987, S. 15 (56 l.); Sammlung Ellert & Richter, Hamburg (44, 76); Marianne und Rolf Rosowski, Hamburg (65); Sammlung Martin Spruijt (56 r.); Senatskanzlei der Freien und Hansestadt Hamburg (160, 161 l.); Shanghai – Hamburgs Partnerstadt in China. Neuauflage zum 20jährigen Bestehen der Städtepartnerschaft. Hamburg 2006, Titelbild (136); Staatsarchiv Bremen (46); Staatsarchiv Hamburg (34, 78 l.); Rolf Tietgens: Der Hafen. Hamburg 1939, S. 80. Fotograf: Rolf Tietgens (70); Dennis M. Turley (Hrsg.): Hamburg: „What You Need to Know". Hamburg 1957, S. 52 (89 r.); Universität Hamburg (Bildarchiv), Foto: Dichant (123); www.spahrbier.de (Titel u. m., 149, 169, 170); Xi De Hanbao Zhonghua Huiguan, Liu Shi Zhou Nian Jinian Tekan [60 Jahre Chinesischer Verein in Hamburg, Hamburg 1989], S. 5, 7, 8, 25 (103, 106, 107, 109); Ming-Chu Yu (98); Michael Zapf, Hamburg (Titel o., 13, 150/151

Trotz aller Bemühungen ist es uns nicht für alle Bilder gelungen, die Rechteinhaber zu ermitteln. Wir bitten diese, sich gegebenenfalls mit dem Verlag in Verbindung zu setzen.

Impressum

Bibliografische Information der Deutschen Nationalbibliothek
Die Deutsche Nationalbibliothek verzeichnet diese Publikation in der Deutschen Nationalbibliografie; detaillierte bibliografische Daten sind im Internet über http://dnb.d-nb.de abrufbar.

ISBN 978-3-8319-0453-2

© Ellert & Richter Verlag GmbH, Hamburg 2011

Dieses Werk einschließlich aller seiner Teile ist urheberrechtlich geschützt. Jede Verwendung außerhalb der engen Grenzen des Urheberrechtsgesetzes ist ohne Zustimmung des Verlages unzulässig und strafbar. Dies gilt insbesondere für Vervielfältigungen, Übersetzungen, Mikroverfilmungen und die Einspeicherung und Verarbeitung in elektronischen Systemen.

Text und Bildlegenden: Lars Amenda, Hamburg
Lektorat: Werner Irro, Hamburg
Redaktion: Claudia Schneider, Hamburg
Gestaltung: Büro Brückner + Partner, Bremen
Lithografie: ORC Offset-Repro im Centrum, Hamburg
Gesamtherstellung: DZA Druckerei zu Altenburg GmbH, Altenburg

www.ellert-richter.de

Das Titelfoto zeigt: Containerschiff im Hamburger Hafen (oben), chinesischer Pagodenturm im Baurs Park in Blankenese, Drache vor den Alsterarkaden zur „China Time" 2010, „mittellose chinesische Heizer" in Hamburg (von links nach rechts)